EL LENGUAJE CORPORAL

DE LOS PERROS

EL
LENGUAJE CORPORAL
DE LOS PERROS

Descifra la mente canina
para que tu mascota sea más feliz

VICTORIA STILWELL

**Estrella del programa *It's Me or the Dog*
de Animal Planet**

ÍNDICE

Dedico este libro a mi suegro, Van Iden Zeiler Jr.
Su amabilidad y su devoción nunca serán olvidadas.

INTRODUCCIÓN

Durante siglos, los científicos creyeron que solo los humanos tenían emociones y procesos mentales conscientes, mientras que los animales eran seres puramente automatizados sin procesos psicológicos importantes. Esta creencia estaba firmemente arraigada hasta que la ciencia moderna la puso en entredicho.[1] Las nuevas y fascinantes investigaciones sugieren que las capacidades mentales de los animales son similares a las de las personas, dependiendo, por supuesto, de lo que cada especie necesita para adaptarse y sobrevivir.

Vivimos en una época apasionante de investigación y descubrimientos científicos. En los últimos diez años ha habido una explosión en el estudio del comportamiento y la cognición de los perros, gracias a universidades y centros de investigación de todo el mundo. Las mentes de los perros se están explorando como nunca antes y los hallazgos están demostrando, por fin, lo inteligentes, emocionales y complejos que son los perros.

Los perros han convivido con los humanos durante miles de años y, a medida que se han ido adaptando, también lo ha hecho su capacidad para comunicarse con nosotros. Al prestar mucha atención a nuestro lenguaje vocal y físico, los perros han desarrollado una rica inteligencia social y un lenguaje físico y vocal tan complejo y sutil como el nuestro. Al igual que los humanos, los perros se comunican consciente e inconscientemente, utilizando señales corporales y vocales que reflejan lo que piensan y sienten. Estas señales comunican la intención y garantizan la seguridad personal de los perros ya que afectan al comportamiento de los demás.

Entender lo que dice su perro es la clave para construir una relación sólida. Pero no todo el lenguaje es fácil de leer, algunas señales sutiles son difíciles de interpretar. Los gestos o acciones que suponemos que significan una cosa pueden ser algo completamente diferente. Comprender y comunicarse eficazmente con su perro es vital para ayudarle a aprender y fortalecer el vínculo entre ustedes. En el camino, descubrirá que el lenguaje canino es tan hermoso como complejo.

Este libro le ayudará no solo a entender cómo piensa y siente su perro, sino también a apreciar sus necesidades y pueda vivir con confianza en su mundo.

ENTENDER Y ENSEÑAR A SU PERRO

Crear un vínculo seguro, comunicarse de forma eficaz y comprender cómo percibe el mundo su perro le ayudará a enseñarle con éxito. Y aunque este libro intenta interpretar los muchos entresijos del lenguaje canino, siempre habrá comportamientos más difíciles de definir o explicar. Ahora nos damos cuenta, gracias a años de observación y estudios científicos, no solo de lo increíbles que son los perros, sino también de lo importante que es tratarlos con amabilidad y respeto. Durante décadas, el adiestramiento de perros se ha

centrado en obligarles a «obedecer», lo que les ha impedido aprender, pensar y tomar sus propias decisiones. Los métodos de adiestramiento severos han producido una población de perros emocionalmente estresados que muestran un comportamiento preocupante y a veces peligroso. Afortunadamente, el movimiento de la enseñanza positiva está cobrando impulso rápidamente, y a medida que más personas eligen técnicas humanas y sin miedo para enseñar a sus perros, esto, a su vez, fomenta el aprendizaje, genera confianza y aumenta la seguridad. Los amantes de los perros de todo el mundo están descubriendo que enseñar de forma humanitaria no solo es divertido, sino que también mejora la capacidad natural de aprendizaje de sus perros y refuerza el vínculo entre ellos.

EL PROBLEMA DEL CASTIGO

El adiestramiento punitivo se basa en una teoría anticuada que asume incorrectamente que los perros necesitan que se les demuestre quién es el «alfa», el «jefe» o el «líder de la manada». Se hace creer a la gente que los perros tienen un comportamiento dominante para estar en la cima de la jerarquía familiar. Pero los grupos de perros forman una jerarquía social, el mito de que los perros intentan alcanzar un estatus dominante sobre los humanos ha impregnado el mundo del adiestramiento canino durante años, con consecuencias desafortunadas. Si la gente cree que sus perros intentan dominarlos, es más probable que la gente los domine hasta que, según la teoría, sus perros aprendan su lugar en la manada. El enfrentamiento resultante daña el vínculo humano-animal, inhibe la capacidad de aprendizaje del perro y fomenta el comportamiento agresivo. La intrincada planificación necesaria para preparar una estrategia que logre este motín es algo que incluso los perros, con su alto nivel de inteligencia, no pueden manejar. ¿Cómo lo sabemos? El secreto está en la corteza cerebral, la capa de materia gris del cerebro que cubre los hemisferios cerebrales y es responsable de las funciones cerebrales, como la sensación, el movimiento muscular voluntario, el pensamiento, el razonamiento y la memoria. La corteza cerebral de un perro no es tan intrincada como la de un humano, por lo que los perros no pueden elaborar estrategias tan complejas.

Las técnicas que utilizan los adiestradores tradicionales incluyen dispositivos que dañan al perro para frenar un comportamiento no deseado (como los collares de ahogo, de púas o de choque) y métodos de adiestramiento que intimidan y asustan al perro, como el castigo físico y las técnicas de sujeción. Sin embargo, la ciencia es clara en cuanto a la ineficacia de estas técnicas. Los estudios han demostrado que cuando se castiga a un perro inmovilizándolo de espaldas o de lado en un *alpha roll*, su cuerpo libera cortisol. El cortisol es una hormona del estrés producida por la amígdala (el centro integrador del cerebro para las emociones, el comportamiento emocional y la motivación) que prepara al cuerpo para el peligro. El alto nivel de cortisol abruma el cerebro del perro, interfiriendo con el pensamiento racional. Una persona puede pensar que cuando sujeta a su perro y este «se rinde», se está sometiendo o calmando; en realidad, el perro se está estresando más y se cierra en banda. Cuando pasa esto, el perro no puede aprender, así que, aunque el castigo puede suprimir el comportamiento momentaneamente, el perro no aprende nada. Se estresa más y su comportamiento nunca cambia realmente porque no se le da otra opción.[2]

Desgraciadamente, muchos adiestradores de perros se han creído el mito de la dominancia. Mientras que estos adiestradores defienden con vehemencia sus creencias para justificar el uso de la fuerza, los adiestradores en positivo, como yo, recogemos regularmente los pedazos que dejan a su paso los adiestradores por compulsión (como se les conoce). Puede llevar meses o incluso años rehabilitar a los perros y que vuelvan a un estado saludable. Es evidente: el miedo destrozará a su perro. La buena noticia es que la ciencia moderna nos ha proporcionado una comprensión matizada de cómo piensan, sienten y socializan realmente los perros, lo que nos ha mostrado un nuevo camino a seguir.

DOMINANCIA

¿Significa esto que la jerarquía social no es importante para un perro? Pues no. La dominación es importante en las relaciones sociales de los perros, pero suelen utilizar el lenguaje dominante para *desescalar* una situación social. Para los perros, un orden social saludable evita el conflicto y es flexible, dependiendo de lo que le importe a cada perro. En lugar de aumentar la agresividad, el comportamiento dominante evolucionó como una forma de evitarla activamente, ya que comportarse de forma agresiva puede hacer que un perro salga herido e incluso amenazar su propia vida. A contrario que el comportamiento dominante de los humanos sobre los perros, que puede ser físicamente violento, un perro verdaderamente dominante puede ejercer su dominio utilizando un comportamiento no violento para calmar una situación. Una simple mirada, un toque con la pata o una cabeza colocada sobre los hombros de otro perro pueden garantizar que el perro que hace el gesto mantenga el acceso prioritario a los recursos.

El orden social funciona bien en un hogar con varios perros si las cosas son importantes para cada uno de ellos. Las demostraciones de saludo ritualizadas

DOMINANCIA/CONTROL: la cabeza sobre los hombros de otro perro

imponen qué perro tiene acceso prioritario a qué recurso: comida, agua, atención, un lugar de descanso cómodo. Sin embargo, algunos perros ignoran el orden social y desafían el *statu quo*. Estos perros suelen tener poca experiencia en relaciones sociales sanas y tienden a utilizar un lenguaje psicológicamente intimidatorio y físicamente violento, lo que provoca desacuerdos y peleas.

Así que cuando una persona castiga físicamente a su perro para mostrar su estatus de «líder de la manada», no está reproduciendo el comportamiento de un perro verdaderamente dominante que controla sin el uso de la fuerza física. En realidad, están representando el papel de un matón socialmente incompetente.

La buena noticia es que si enseña a su perro correctamente, a la vez que construye una buena relación, no hay razón para usar técnicas punitivas. Los perros intentan sobrevivir y prosperar en nuestro mundo doméstico. Los veterinarios y los especialistas en comportamiento veterinario advierten del uso de métodos punitivos que comprometen no solo la capacidad de aprendizaje del perro, sino su posibilidad de vivir con éxito en un mundo humano.[3]

ADIESTRAMIENTO EN POSITIVO

Al seguir la filosofía del *adiestramiento* en positivo, animamos a los perros y a otros animales a aprender. El uso de técnicas humanas, sin usar el miedo, les ayuda a resolver problemas. Nunca utilizamos la fuerza ni la intimidación, el adiestramiento en positivo pone el énfasis en enseñar a los perros lo que *deben hacer* en lugar de castigarlos por *no hacer* lo que queremos. Es una forma mucho más eficaz de promover el aprendizaje. Afortunadamente, también ayuda a rehabilitar a los perros con ansiedad, miedo, comportamientos agresivos y fobias.

Al dar a los perros cierto control sobre sus propias decisiones mientras los guiamos suavemente, les permitimos adaptarse a situaciones y entornos nuevos con mucho más éxito. Permitir que los perros aprendan lo que funciona en determinadas situaciones fomenta su confianza al tiempo que les proporciona un sano equilibrio de autodescubrimiento. Esta guía suave permite a los perros ser más hábiles socialmente y equilibrados emocionalmente. Puede que no estemos inclinados por naturaleza a ceder el control tan fácilmente, pero mantener un buen equilibrio entre el aprendizaje independiente y el dependiente marca una diferencia positiva significativa en la vida de todos los perros.

Hay muchas técnicas de enseñanza eficaces. Algunos perros aprenden bien mediante ejercicios de resolución de problemas; otros aprenden mejor mediante el adiestramiento con clicker, la recompensa con señuelo o las técnicas que «atrapan» el comportamiento. Algunos adiestradores prefieren un enfoque más cognitivo, estableciendo primero un vínculo en lugar de hacer que los perros trabajen para obtener la aprobación humana. Otros adoptan un enfoque más conductual, enseñando habilidades para la vida a través de señales y técnicas como el «shaping», por el que las acciones y los comportamientos se construyen a través de un entrenamiento basado en la recompensa. A mí me gusta hacer ambas cosas: centrarme en crear un vínculo y enseñar señales sin presión, guiando a los perros para que aprendan y se diviertan mientras lo hacen. Independientemente de cómo elijamos cambiar el comportamiento de nuestro perro de forma humanitaria y eficaz y enseñarle las habilidades necesarias para la vida, siempre debemos respetar la autonomía del perro.

Por desgracia, los profesionales del adiestramiento canino de ambos lados del debate están ahora tan centrados en «adiestrar» a los perros que algunos de ellos han perdido la capacidad de pensar por sí mismos, dependiendo completamente de las personas que los dirigen. Estos solucionadores de problemas, naturalmente independientes, están siendo abrumados y sobreentrenados. La comunidad positiva está muy por delante de la comunidad de la compulsión cuando se trata de animar a los perros a pensar y a resolver problemas, pero aún podemos beneficiarnos si nos quitamos la presión y hacemos menos. Dejar de lado el adiestramiento más estructurado y desarrollar las habilidades sociales y de resolución de problemas naturales de los perros creará mascotas más felices y seguras de sí mismas.

CREACIÓN DE LÍMITES

En contra de la opinión popular, *positivo* no significa *permisivo*. Los adiestradores en positivo y las personas que se adhieren a esta filosofía creen que hay que poner límites a los perros y decirles «no» cuando es necesario, igual que harían con un niño. Utilizan recompensas en forma de comida, elogios, juegos y juguetes para fomentar y reconocer el buen comportamiento, así como técnicas humanas para desalentar el comportamiento negativo. Para crear límites, puedo (1) utilizar señales vocales para interrumpir y redirigir el comportamiento negativo al positivo, (2) retirar al perro de una situación volátil, (3) retener una recompensa o (4) simplemente ignorar el comportamiento que no me gusta. Lo más importante es que preparo a los perros para el éxito dándoles opciones y enseñándoles comportamientos alternativos que pueden utilizar en su lugar. Hago hincapié en el aprendizaje de nuevas habilidades más que en el castigo.

La belleza del adiestramiento en positivo es que funciona con cualquier perro, independientemente de la raza o el impulso, y promueve el desarrollo de un fuerte vínculo humano/canino. Aunque su perro aprenda lentamente, será más feliz y tendrá la confianza necesaria para desenvolverse en el mundo doméstico humano si se le enseña con humanidad, paciencia y comprensión. Y la mejor manera de entender a su perro es aprender cómo piensa y experimenta el mundo y qué significa su lenguaje corporal, que es de lo que trata este libro. Siga leyendo.

PARTE I

LA SECRETA VIDA INTERNA DE LOS PERROS

La relación única entre el hombre y el perro ha superado la división de especies durante generaciones. Y gracias a los grandes avances que se están produciendo en el campo de la ciencia cognitiva y del comportamiento animal, ahora tenemos una visión más clara de la vida interior secreta de nuestros compañeros caninos. Hay pruebas significativas que respaldan lo que ya sabemos los que amamos y trabajamos con perros: nuestros perros son seres pensantes, sensibles y emocionales con una capacidad de aprendizaje excepcional y una inteligencia específica de la especie. Su increíble adaptabilidad y su deseo de estar a nuestro lado en todo momento es lo que hace que la relación que mantenemos con ellos sea tan extraordinaria. Esta sección revela la forma única en que los perros experimentan el mundo que les rodea, lo que constituye una base crucial para la sección posterior de este libro sobre la decodificación del significado de su lenguaje vocal y corporal.

CAPÍTULO 1

EL PERRO CARIÑOSO

Miles de años de domesticación han desempeñado un papel importante en la relación entre humanos y perros, a medida que los perros han evolucionado con los humanos, se han adaptado y han adquirido las habilidades que necesitan para vivir con nosotros con éxito. Entre sus muchas capacidades cognitivas, los perros pueden hacer inferencias, entender los gestos humanos, leer nuestras intenciones y ser sensibles a nuestros estados atencionales y emocionales. También pueden entender palabras sencillas e imitar el lenguaje físico humano, pueden empatizar con nuestras emociones. Me centraré más en estos aspectos a lo largo del libro, pero por ahora es importante entender cómo han evolucionado los perros hasta convertirse no solo en la especie animal domesticada de más éxito del planeta, sino también en nuestros compañeros más cercanos y queridos.

El éxito de la evolución depende de la selección natural, de la capacidad de adaptación de una especie al entorno cambiante que la rodea. En términos de adaptación evolutiva, los perros son extraordinarios. Estos increíbles animales han evolucionado con éxito durante miles de años a medida que sus capacidades de lobo se transformaban por los retos de la convivencia con los humanos.[1]

Esta convivencia creó una relación mutuamente beneficiosa. Los perros eran un eficaz sistema de alarma y ayudaban a sus compañeros humanos a cazar y recolectar alimentos. También fueron el primer sistema eficaz de eliminación de basura, ya que se comían las sobras que dejaban los humanos. Sin embargo, su labor más importante era y sigue siendo la de compañero y amigo. Los perros nos hacen sentir bien, y la vida es mejor cuando la compartimos con ellos.

¿SU PERRO LE QUIERE?

Cuando un perro le mira con sus grandes ojos marrones, le saluda emocionado al final del día y se acurruca a su lado cuando duerme, ¿es esto una prueba de que le quiere o solo está formando un apego por la seguridad, el confort y la comida que le proporciona? A los humanos les encanta antropomorfizar, es decir, atribuir características, motivaciones o comportamientos humanos a otras especies, y aunque esto no suele suponer ningún problema, se convierte en un problema cuando el deseo humano de dominar a otros o ascender de rango se utiliza para explicar el comportamiento canino, o cuando se trata a un perro demasiado como a un bebé o un niño. Lo cierto es que cuando un perro muestra un comportamiento «cariñoso», los mecanismos que están en juego *son* similares a los que están en juego cuando una persona siente amor.

La oxitocina es la hormona responsable del vínculo social. Cuando una madre da a luz y tiene a su bebé en brazos por primera vez, la liberación

de oxitocina, entre otras hormonas, es
la responsable de la vinculación con su
bebé. Cuando dos personas se enamoran,
experimentan una serie de síntomas físicos,
como la pérdida de apetito y el aumento
del ritmo cardíaco y la producción de
sudor, todo ello gracias a la oxitocina. Un
estudio de 2003 demuestra que la oxitocina
también desempeña un papel importante en
el vínculo social y emocional entre perros
y humanos.[2] Cuando los dueños acarician
a los perros, los niveles de oxitocina en la
sangre aumentan entre cinco y veinticuatro
minutos después de la sesión de caricias,
lo que demuestra que el contacto social
positivo es beneficioso para ambas especies.

La oxitocina también refuerza los recuerdos sociales en el cerebro, lo que
permite a los perros establecer vínculos durante las interacciones sociales
y recordar la experiencia. Sin embargo, esto no siempre es positivo, ya
que las investigaciones demuestran que la oxitocina también puede causar
dolor emocional.[3] Esta hormona parece ser la razón por la que recordamos
situaciones estresantes mucho tiempo después del suceso, y estos recuerdos
pueden desencadenar miedo y ansiedad en el futuro. Si una experiencia
social es negativa o estresante, la hormona activa una parte del cerebro que
intensifica el recuerdo. La oxitocina también nos hace más propensos a sentir
miedo y ansiedad durante eventos estresantes en el futuro.[4] Por tanto, sea
consciente de cómo la oxitocina y otras potentes hormonas pueden influir en las
experiencias positivas y negativas de la vida de su perro. Ayude a su perro a
adquirir confianza social y ambiental dándole muchas experiencias positivas
en diferentes situaciones.

SEA UN APEGO SEGURO

El apego de un perro a un humano es como el de un niño a sus padres. De hecho, los perros se comportan de forma muy parecida a los niños pequeños en el sentido de que son más propensos a explorar nuevas situaciones y entornos cuando un humano en el que confían está cerca que si ese humano está ausente. Este apego en los niños se demuestra con la prueba de la «situación extraña», en la que un niño explorará con confianza un entorno extraño cuando la madre esté presente, pero dejará de explorar y esperará ansiosamente a que la madre regrese si se marcha durante un periodo de tiempo. Cuando se somete a los perros a una prueba similar, se comportan exactamente igual.[5] No quiero decir que todos los perros vayan a tener una reacción similar, pero los perros con un alto grado de apego a los humanos

AMOR: lenguaje corporal fluido y relajado, con parpadeo de ojos

tendrán realmente más confianza para explorar situaciones novedosas si alguien que conocen y en quien confían está cerca.

El lenguaje de un perro cariñoso es fácil de entender porque es muy similar a la forma en que los humanos expresan su afecto. Aparte del abrazo humano, que a veces puede resultar amenazante para un perro (sobre todo si viene de un desconocido), el comportamiento cariñoso se manifiesta a través del deseo del perro de estar físicamente cerca de una persona. Un lenguaje corporal relajado y fluido, unos ojos suaves y parpadeantes y un comportamiento tranquilo y feliz son indicios de que un perro se siente seguro y cómodo en presencia de una persona.

CAPÍTULO 2

EL PERRO PENSANTE

La cognición puede definirse como el modo en que usted y su perro perciben el mundo que les rodea, y la cognición celebra muchos tipos de inteligencia. El aprendizaje está influenciado por el entorno en el que se cría el perro. Los perros criados en entornos menos enriquecedores tienden a depender menos de los intentos de una persona para comunicarse física o vocalmente, mientras que los perros criados en estrecho contacto con los humanos tienden a depender mucho más de las personas para guiarlos y dirigirlos. Cuanto más entienda el estilo cognitivo de su perro, más fácil será enseñarle. Si a su perro le resulta difícil aprender o tarda en captar sus señales, no es que sea tonto; simplemente aprende de una forma distinta a la que usted espera.

Todos los perros pueden aprender, pero los perros, al igual que los humanos, aprenden de diferentes maneras y a diferentes velocidades. Algunos perros captan las señales humanas muy rápidamente, mientras que otros prestan más atención al entorno que les rodea. Estos últimos no están siendo irrespetuosos o testarudos, sino que se distraen fácilmente o sienten la necesidad de mantenerse vigilantes para asegurar su supervivencia. Esto puede deberse a que están genéticamente predispuestos a ser más sensibles al entorno que les rodea o a que se sienten tan tentados por los olores que les rodean que se distraen demasiado para concentrarse.

El razonamiento es la capacidad de un perro para resolver un problema cuando no puede ver una respuesta y tiene que imaginar una solución.[1] Los perros son solucionadores de problemas natos, una habilidad que es vital para

rastrear y encontrar presas y negociar el entorno. Los perros que piensan de forma más independiente tienden a ser mejores en la resolución de problemas porque dependen menos de la ayuda de otros. El adiestramiento canino moderno ha ayudado a los perros a adaptarse a la convivencia con los humanos, pero también ha creado perros que piensan de forma menos independiente y dependen más de los seres humanos para que les dirijan o les ayuden a resolver un problema. La falta de socialización, el manejo punitivo y los problemas de ansiedad o miedo también comprometen la capacidad del perro para pensar con claridad.

Se han realizado numerosos estudios para evaluar la capacidad de razonamiento de los perros, que suelen consistir en plantearles problemas para que los resuelvan. Por ejemplo, se coloca comida detrás de una puerta giratoria de cristal con largas barreras a ambos lados. Una vez planteado el reto, se lleva al perro a la habitación y se le anima a encontrar la comida, y luego se le deja que lo haga de forma independiente. La capacidad de razonamiento se evalúa en función de si el perro resuelve el problema empujando la puerta con su nariz para llegar a la comida o rodeando las barreras. Ninguno de los dos métodos se juzga como correcto o incorrecto; se cronometra al perro para ver lo rápido que puede resolver el problema. La mayoría de los perros son muy buenos trabajando el problema y encontrando una solución sin que se les muestre.[2]

MEMORIA

La memoria es crucial para la resolución de problemas, la caza de presas, el reconocimiento de olores, el reconocimiento facial y el aprendizaje en general. Los perros necesitan memorizar los puntos de referencia del entorno para poder orientarse y construir mapas mentales de la ubicación de esos puntos de referencia. Aunque los perros utilizan marcadores visuales para orientarse en su entorno, se basan sobre todo en el olor de las cosas. Este mapa mental es importante para recordar el territorio y los límites territoriales , así como para poder llegar a una fuente de alimento o a una zona de confort y seguridad.

Los perros necesitan tener una buena memoria si tienen que encontrar comida por sí mismos. Tienen que recordar que si su presa se esconde detrás de una roca y desaparece, puede que siga allí aunque no la vean.

Se cree no solo que los perros tienen buena memoria olfativa y pueden recordar los olores durante años, sino también que el olor está vinculado a su memoria emocional, al igual que en los humanos. El olor de un hospital veterinario puede provocar siempre emociones negativas, mientras que el olor de una persona favorecida desencadena felicidad y alegría. La memoria auditiva también es importante y resulta especialmente útil cuando se trata de recordar el sonido, el tono y la intensidad de una señal vocal humana que está vinculada a una determinada acción o comportamiento.

CONSEJO

Puede probar la memoria de trabajo de su perro mostrándole dónde esconde una golosina o un juguete, sacándolo de la habitación o del área por un minuto y luego llevándolo de regreso y pidiéndole que los tome. La mayoría de los perros recuerdan dónde está escondido el señuelo en lugar de usar su sentido del olfato para encontrarlo. Intente probar su memoria a largo plazo aumentando gradualmente el tiempo que está fuera de rango.

Los perros no solo pueden reconocer las voces de las personas que conocen, sino que también aprenden y recuerdan que los distintos tonos vocales significan cosas diferentes. Su capacidad de lectura física puede ayudarles a determinar qué significan las vocalizaciones humanas y, dado que las personas tienden a hablar en tonos más altos cuando están siendo afectuosas y en tonos más bajos cuando están enfadadas o enervadas, es fácil que los perros aprendan la diferencia y respondan en consecuencia. Puede ayudar a su perro a aprender siendo coherente con su tono de voz y siendo consciente de cómo utilizar el tono cuando le habla o le da señales. En general, el tipo de señal determinará el tipo de tono y la intensidad de la voz que utilice. Puede utilizar vocalizaciones de alta energía para excitar a su perro para que juegue, por ejemplo, o para que vuelva a usted cuando le llame; utilice tonos medios para las señales cotidianas, como «espere» junto al cuenco de la comida o «quédese« junto a la puerta principal cuando entre un invitado. Puede utilizar tonos más bajos para decirle a su perro cómo se siente con respecto a un determinado comportamiento, pero tenga cuidado de no asustarlo para que cumpla. La memoria canina es tan buena que realmente recordará y reconocerá la diferencia.

Los perros que se han criado en entornos positivos y estimulantes suelen tener una mejor función de memoria que los que se han criado en aislamiento social, porque cuantas más experiencias agradables tenga un perro en sus primeros años de vida, más posibilidades tendrá su cerebro de desarrollarse.[3]

CÓMO HABLAR IDIOMA PERRO

TONOS ALTOS = excitado, cariñoso y juguetón

TONOS MEDIOS = señales cotidianas como «aquí»

TONOS BAJOS = serio (usar con moderación)

CÓMO APRENDEN LOS PERROS

El modo en que los perros aprenden depende de una serie de factores, como la forma en que fueron criados, el grado de destreza instintiva que tienen, la influencia de las hormonas y las sustancias químicas, la experiencia temprana y el modo en que son criados. Los perros son una especie muy adaptable porque tienen buenas habilidades para resolver problemas, desarrolladas porque son necesarias para sobrevivir y especialmente útiles para buscar, cazar y atrapar presas. Algunos perros son más inteligentes desde el punto de vista de la adaptación que otros, pero pueden aprender las habilidades de resolución de problemas observando a otros perros o a los humanos. Mientras que algunos perros son pensadores independientes y dependen menos de la intervención humana para ayudarles a resolver problemas, otros dependen únicamente de los humanos para que les guíen.

Los perros aprenden todo el tiempo, no solo cuando se les enseña; de hecho, toda la vida es aprendizaje, sobre todo para los perros jóvenes, cuyos cerebros son como esponjas que absorben el entorno que les rodea. Y el juego es una de las mejores experiencias de aprendizaje para cualquier perro. El juego saludable enseña a los perros buenas habilidades sociales, así como la capacidad de autocontrol. Utilizar el autocontrol en cualquier situación, sobre todo durante el juego, garantiza que los perros puedan ensayar comportamientos y hacer travesuras con la confianza de que el juego no se convertirá en algo más serio. Los perros también aprenden buenas habilidades de autocontrol cuando juegan con humanos. El tira y afloja es un gran juego siempre que tanto los perros como los humanos

TIRA Y AFLOJA: un juego sano

sigan las reglas, ganen y pierdan durante el juego, y el perro suelte el juguete de buena gana cuando el humano se lo pida.

Los perros son grandes observadores y aprenden socialmente de los humanos y de otros perros. A veces, aprenden habilidades sociales de otra especie, lo manifiesta su asombrosa capacidad de adaptación. Un problema es mucho más fácil de resolver cuando un perro ve a una persona resolviéndolo primero, así que si su perro tiene dificultades para hacer algo, mostrarle cómo se hace puede ayudarle.

CONSEJO DE ENTRENAMIENTO

Puedes enseñarle a tu perro a intercambiar y entregar objetos fácilmente haciendo de toda la experiencia un juego. La señal «Tómalo y suéltalo» le enseña a tu perro a tomar algo que le des y luego soltarlo en la señal; esto puede ser difícil para algunos perros, especialmente con un objeto de alto valor como un juguete favorito o una cuerda para tirar.

- Comience con un objeto de poco valor y preséntelo a su perro.
- Cuando abra la boca para tomar el objeto, dile «tómalo».
- Permítale jugar con el objeto, luego preséntele una duplicado que tienes a tus espaldas.
- Cuando a tu perro se le caiga el objeto que tiene en la boca, dile «suéltalo» y recompénsalo con el duplicado que tienes en tu otro mano, diciendo «tómalo».

Sigue repitiendo este ejercicio; cuando su perro cumple constantemente, puede construir gradualmente con juguetes de mayor valor.

- Si tu perro no quiere renunciar al juguete de mayor valor, camina lejos de él, produzca un nuevo juguete y comience a dirigir todo su interés a ese nuevo juguete mientras juega con él.
- Cuando la curiosidad de su perro se apodere de él, vendrá y entregará el juguete que tiene en la boca.
- Inmediatamente recompénselo por su decisión dándole el nuevo juguete y repitiendo la secuencia «tómalo», «déjalo».

APRENDIZAJE: siga las señales de su lenguaje corporal

Me encanta enseñar a los perros a través de la imitación. Esta técnica se ha hecho más popular con adiestradores como Claudia Fugazza, que se basa en sus habilidades cognitivas. Su método «Haz lo que yo» se centra en enseñar varias acciones: los humanos las realizan primero y luego se le pide al perro que los imite. Es un método maravilloso que permite a los perros pensar y resolver problemas en lugar de ser atraídos, moldeados o inducidos a realizar una acción o comportamiento.[4]

El condicionamiento operante enseña al perro a relacionar una acción o comportamiento específico, como sentarse, con una señal vocal o manual. Este tipo de aprendizaje es muy popular en el mundo del adiestramiento canino y es muy eficaz cuando se trata de construir un lenguaje de comunicación entre las dos especies.

El condicionamiento clásico o *aprendizaje asociativo* es automático. Por ejemplo, un perro aprende que el crujido de su bolsa de comida significa que le van a dar de comer, o que el hecho de que usted se acerque a un determinado cajón significa que va a coger su correa para llevarle de paseo.

La habituación reduce la ansiedad del perro ante acontecimientos inesperados. Habituar a los perros a diferentes entornos o situaciones mediante una exposición positiva continua, como ser acicalado mientras se le da una deliciosa comida, reduce la probabilidad de una reacción de miedo en una situación similar. Si un perro se habitúa o se adapta bien a nuevos entornos o al acercamiento de nuevas personas, por ejemplo, es más probable que pueda hacer frente a la naturaleza imprevisible y confusa de la vida doméstica humana.

La sensibilización se refiere a la exposición repetida a un estímulo que hace que un animal se vuelva más reactivo a él. Esto se ve comúnmente cuando los perros arremeten contra otros perros que pasan. Una experiencia traumática con cualquier perro o la falta de interacción social puede generalizarse a un miedo a estar cerca o interactuar socialmente con todos los perros, y cuantos más encuentros con perros tenga, más reactivo y temeroso se volverá.

La desensibilización se produce cuando los perros se desensibilizan a un estímulo al que antes estaban sensibilizados. Ahora el perro que teme a otros perros empieza a ver que los otros perros no suponen ninguna amenaza. Esto puede lograrse de varias maneras. El *contracondicionamiento* es un sistema por el que se expone lentamente a los perros a un estímulo que temen, creando una emoción que contrarresta la emoción que sentían anteriormente. Por ejemplo, el perro temeroso se expone a otros perros de forma controlada, tanto física como emocionalmente, y ahora le ocurren cosas buenas cuando pasan otros perros. Así se crea una asociación contraria a la respuesta condicionada anterior. Las técnicas de contracondicionamiento funcionan bien con los perros que muestran un comportamiento agresivo y con los que sufren ansiedades, miedos y fobias.

APRENDIZAJE A TRAVÉS DE LA MOTIVACIÓN

Para aprender en nuestro mundo humano, los perros necesitan confiar en nosotros y estar dispuestos y motivados para aprender. Esto depende de su capacidad de aprendizaje, de su capacidad de atención, de su reacción a la distracción, de su capacidad de escuchar y concentrarse, de su confianza, de su sociabilidad y de su autocontrol, así como de su capacidad para entender las señales de comunicación humanas.

La anticipación de una recompensa es casi más poderosa que la propiarecompensa . Cuando el perro anticipa una recompensa, el sistema de búsqueda de su cerebro (el hipotálamo) está más activo y es más sensible a cualquier estímulo que prediga una recompensa. El placer está vinculado al sistema límbico, que está relacionado con el bulbo olfativo, y el sistema de búsqueda está conectado con el sistema de aprendizaje de la dopamina.

La dopamina es la sustancia química que proporciona a los perros un subidón natural. Los comportamientosapetitivos están vinculados al sistema de búsqueda, y el proceso de querer «ilumina el cerebro como un árbol de Navidad».[5] Sin embargo, si se aprovecha demasiado el sistema de apetito de su perro, existe la posibilidad de que se desconecte. Si quiere que su perro siga «deseando», no se complique con las recompensas, ya que demasiadas pueden interferir con el comportamiento en sí. Del mismo modo, dado que el juego es tan motivador para algunos perros, si juega demasiado con ellos, no solo es difícil que bajen del subidón natural que les da el juego, sino que jugar demasiado les distraerá de lo que quiere enseñarles. Mantenga las sesiones de juego cortas cuando las utilice como recompensa. La motivación puede aprenderse, y el aprendizaje se alimenta de la motivación.

Las distintas razas se han adaptado a hacer cosas diferentes y, por lo tanto, pueden aprender de formas distintas. Los juegos de olfato para un carlino pueden ser más difíciles que para un beagle; las habilidades de memoria auditiva pueden ser más fáciles para un border collie que para un basset hound con olfato.

APRENDIZAJE SOCIAL A TRAVÉS DE LOS GESTOS COMUNICATIVOS

La relación entre humanos y caninos se ve reforzada por la capacidad de los perros para leer los gestos comunicativos de los humanos, así como por su sensibilidad a nuestras emociones. Por ejemplo, los perros tienen la capacidad genética de aprender, desde una edad temprana, lo que significa un punto humano, algo que es mucho más difícil de hacer para otras especies animales. Los perros han evolucionado para leer nuestros gestos sociales y comunicativos, ya que son importantes para su supervivencia. Cuando una persona lee un rostro humano, por ejemplo, sus ojos se desvían hacia la izquierda y terminan en el lado derecho de la cara. Este sesgo de la mirada hacia la izquierda solo se produce cuando los humanos se encuentran con rostros, no con objetos, porque el lado derecho de un rostro expresa mejor los estados emocionales que el izquierdo. Estudios realizados en la Universidad de Lincoln han demostrado que los perros también tienen esta inclinación de la mirada hacia la izquierda solo cuando miran una cara humana, no un objeto o la cara de otro perro. Esta capacidad puede haberse desarrollado como una forma de que los perros se mantengan a salvo leyendo cuando los humanos están enfadados o disgustados con ellos.[6]

APRENDIZAJE SENSORIAL

A los perros se les puede enseñar un sinfín de habilidades utilizando sus capacidades sensoriales naturales. Yo llamo a este tipo de aprendizaje *educación sensorial*. El trabajo con olores es un gran uso de las habilidades olfativas naturales de un perro para enseñarle a encontrar comida, juguetes u olores ocultos que se han dejado en diferentes lugares, lo que les permite utilizar sus

poderosas habilidades de búsqueda y les proporciona un enriquecimiento mental muy necesario. A cualquier perro se le puede enseñar a encontrar un olor determinado, sobre todo cuando el olor va acompañado de una recompensa, como una golosina o un juguete. El simple hecho de esconder algo de comida o un juguete en un lugar fácil y pedirle a su perro que lo encuentre es beneficioso y proporciona horas de entretenimiento dentro o fuera de casa.

La enseñanza mediante el sistema de aprendizaje auditivo también puede ayudar a los perros en muchas situaciones. Por ejemplo, a los perros que tienen miedo a ruidos como los truenos y los fuegos artificiales se les puede enseñar a tolerar estos ruidos utilizando un determinado tipo de música para desensibilizarlos. La música puede ayudar a descargar el sistema nervioso central del perro mediante la modulación de la frecuencia. Mi serie sobre la fobia a los ruidos en los perros, que utiliza la gran investigación realizada por el investigador del sonido Joshua Leeds y la concertista Lisa Spector, demuestra cómo el sonido puede calmar a los perros nerviosos o ansiosos en casi cualquier situación, desde el coche hasta el refugio.[7]

¿PUEDE HACER QUE SU PERRO SEA MÁS INTELIGENTE?

En la década de 1940, el psicólogo canadiense Donald Hebb comparó la capacidad de aprendizaje de los perros criados como mascotas con la de los criados en una perrera. Descubrió que los perros criados como mascotas aprendían más rápido, eran menos temerosos y , por tanto, se estresaban menos en situaciones novedosas que los pobres cachorros que no habían tenido tanta suerte. De hecho, las continuas investigaciones han demostrado que los cerebros de los animales que viven en entornos enriquecedores suelen ser más grandes porque se desarrollan nuevas conexiones entre las neuronas existentes como resultado de las buenas experiencias. La realización de cualquier tipo de actividad de resolución de problemas hace posible el crecimiento de nuevas células neuronales en zonas del cerebro asociadas a la memoria y el aprendizaje

Entonces, ¿es posible cambiar la fisiología del cerebro de su perro con un mayor enriquecimiento ambiental y, por tanto, hacerlo más inteligente? Esto dependerá de lo que su perro encuentre enriquecedor, de lo que le motive y de los entornos que pueda experimentar sin sentirse abrumado. Cuanta más libertad le dé a su perro para interactuar con el mundo que le rodea, más rápido aprenderá y menos temeroso será. Es lógico que si mantiene el cerebro ocupado con actividades que le permitan pensar y resolver problemas, como el escondite, juguetes interactivos y rompecabezas, y muchos paseos estimulantes, puede reducir las posibilidades de que su perro experimente ansiedad, estrés o miedo en cualquier tipo de situación, independientemente de su edad.

Recuerde que la inteligencia se mide por las habilidades que un perro necesita para adaptarse y sobrevivir en su entorno. Entender cómo aprenden los perros, así como aprovechar su capacidad de resolución de problemas y sus increíbles sentidos, facilitará que usted y su perro se entiendan. Un perro que tiene una conexión más profunda con usted estará más dispuesto a escucharle cuando necesite su atención y le resultará más fácil vivir en su mundo doméstico.

CAPÍTULO 3

———

EL PERRO EMOCIONAL

El cerebro de un perro es similar al de un humano en muchos aspectos. El sistema límbico de ambos controla las principales emociones, como el miedo y la ira, y la química neuronal básica es la misma. Por ejemplo, en investigaciones recientes se ha demostrado que existen sorprendentes similitudes en la forma en que los cerebros de los perros y de los humanos procesan los sonidos con carga emocional. Un área cercana al córtex auditivo primario en ambas especies se activaba más cuando se reproducían sonidos emocionalmente positivos (ladridos juguetones, risas) que cuando se reproducían sonidos emocionalmente negativos (gemidos, llantos). Esta respuesta común a la emoción en perros y humanos fue sorprendente. Los investigadores concluyeron que ambas especies utilizan mecanismos cerebrales similares para procesar la información social. Estos resultados no son sorprendentes si se tiene en cuenta que «compartimos un entorno social similar»[1]

Los perros pueden sufrir problemas emocionales similares a los de las personas, como ansiedad, depresión, miedos y fobias, ira, obsesiones, compulsiones y una amplia gama de problemas relacionados con el estrés. Sin embargo, las emociones caninas no se complican con el pensamiento irracional o racional. Las emociones humanas son más complejas porque tienen una mayor capacidad para imaginar escenarios que sostienen o exacerban una emoción negativa. Podemos pensar que alguien está hablando de nosotros cuando en realidad la persona puede no haber pensado en nosotros en absoluto. Nuestra mente construye una gran cantidad de historias que afectan a nuestras emociones, mientras que las emociones caninas son más parecidas a las de un niño pequeño: crudas, simples y verdaderas. Por ejemplo, los perros de un hogar con varios perros pueden pelearse un minuto y al siguiente ser los mejores amigos; la pelea se ha olvidado y los perros siguen adelante.

EMOCIONES Y COMPORTAMIENTO

Sin duda, el comportamiento canino está influenciado por su experiencia emocional. Las mismas sustancias químicas que impulsan las emociones humanas, desempeñan un papel importante en la vida emocional de los perros.

La serotonina, por ejemplo, es un neurotransmisor que ayuda a transmitir señales de una parte del cerebro a otra. La serotonina también se encuentra en el tracto digestivo y en las plaquetas de la sangre y es responsable de regular el estado de ánimo, el apetito, el sueño, la memoria, el aprendizaje y el comportamiento social y de inhibir la respuesta agresiva. La dopamina es un neurotransmisor que controla los centros de recompensa y placer del cerebro, ayudando a centrar la atención y a promover la sensación de satisfacción. Si un perro carece del equilibrio adecuado de estos importantes neurotransmisores, puede volverse deprimido, irritable, impulsivo, hiperactivo, ansioso y más sensible al dolor.

LAS EMOCIONES Y LOS SENTIDOS

El olor pasa por alto otras partes del cerebro y va directamente a la amígdala, el centro emocional del cerebro, tanto en los perros como en los humanos; por eso un olor concreto puede evocar un recuerdo positivo o negativo. Piense ahora en lo sensible y potente que es el sentido del olfato de un perro (véase «Cómo huelen los perros», página 51) y en cómo la memoria emocional impulsa el comportamiento canino. De hecho, la información procedente del olfato de

un perro domina su cerebro, que está construido en torno a la información que obtiene del olor, y como el olfato está tan estrechamente vinculado a la memoria emocional, es probable que la experiencia emocional de un perro sea incluso mayor que la nuestra. Es algo muy poderoso. Ésta es una de las razones por las que utilizo la comida, no solo para motivar a los perros a aprender, sino para cambiar su forma de sentir. Incluso si su perro está estresado o ansioso, puede producirse una experiencia emocional positiva con la anticipación y/o la presentación de la comida, con su aroma tentador y evocador.

Hay circuitos en el cerebro del perro que fomentan el comportamiento de búsqueda o caza y circuitos que provocan la respuesta de miedo. Cuando se activa el sistema de búsqueda de su perro, o se le anima a jugar en presencia de algo que teme, presentándole una golosina sabrosa o un juguete lleno de comida, se puede activar su sistema de búsqueda y desactivar su miedo. En cuanto su perro anticipe la comida, su cerebro empezará a disparar, encendiendo efectivamente su sistema de búsqueda, apagando el miedo y haciendo que se sienta bien. Como he mencionado antes, la anticipación de la comida puede ser mucho más poderosa que el hecho de comerla, ya que el sistema de búsqueda se desactiva mientras el perro come. Por este motivo, podría animar a un perro a concentrarse en la comida o indicarle que vaya a buscar comida en presencia del estímulo del miedo y luego darle la comida una vez que haya pasado el estímulo.

¿LOS PERROS SE PONEN CELOSOS?

Cuando un perro vigila los recursos y el espacio, monopoliza la atención de una persona o se pelea con sus «hermanos», podría estar celoso. Aunque esto antropomorfiza la intención de un perro, la expresión canina de los celos refleja ciertamente la de un humano. Esto explicaría el comportamiento insistente, resentido y competitivo. Es muy común que un perro se empuje entre compañeros de abrazo o que invada el espacio de otro perro que está siendo acariciado. De hecho, la presencia de cuidadores humanos puede provocar peleas entre perros que compiten por la atención. En términos evolutivos, un perro se beneficia de recibir atención de un individuo que le proporciona consuelo o es una fuente primaria de alimento, ya que esto aumenta las posibilidades de supervivencia del perro. Los humanos pueden mitigar estos celos enseñando a sus perros a compartir objetos, espacio y atención, y dando a cada uno de ellos muchas buenas experiencias mientras está en presencia del otro. Alimentar, pasear y acariciar a los perros al mismo tiempo puede ayudar a aplacar el instinto de rivalidad competitiva.

APACIGUAMIENTO: postura curvada, cabeza inclinada y mirada desviada

¿SE SIENTEN CULPABLES LOS PERROS?

La palabra *culpa* se usa a menudo para explicar el lenguaje corporal de un perro que ha hecho algo malo porque el lenguaje que utilizan los perros «culpables» es: postura agachada, cabeza inclinada, mirada desviada, pata levantada , ojos que parpadean lentamente. Sin embargo, los científicos creen que estas señales de sumisión no son en absoluto de culpabilidad, sino la forma que tiene el perro de apaciguar el enfado de una persona, aunque no sepa lo que ha hecho ni por qué está enfadada.[2] El lenguaje de apaciguamiento es una estrategia evolutiva que ha ayudado a los perros a convivir con los humanos. Los perros utilizan estas señales para alterar el comportamiento de la persona y evitar el castigo suavizando una reacción negativa. Cuanto más pequeño y contrito parezca un perro, menos probabilidades tendrá de exacerbar la ira de su persona y recibir un castigo.

La autoconciencia humana es muy sofisticada y está vinculada a la conciencia reflexiva. Una persona debe ser consciente de sí misma para sentirse culpable y ser capaz de comprender cómo su comportamiento ha afectado a otros en el pasado y cómo afectará a otros en el futuro. Mientras que la cultura humana nos enseña a sentirnos conscientemente culpables, vergonzosos o avergonzados por las cosas que hemos hecho, es poco probable que los perros sean realmente conscientes de cómo su comportamiento afecta a los demás.

Por ello, los investigadores creen que las muestras de apaciguamiento no son una admisión de culpapor parte del perro , sino que se utilizan en momentos de estrés y miedo. Así, aunque su perro haya mordido su cojín favorito y usted se dé cuenta de que ha hecho algo malo por la mirada que le dirige antes de que usted haya descubierto lo que realmente ha sucedido, es más probable que la experiencia pasada le haya enseñado a asociar una acción o un comportamiento concreto con su enfado que que se sienta culpable.

CONTAGIO EMOCIONAL: bostezar cuando otros bostezan

¿LOS PERROS SON EMPÁTICOS?

La empatía es la capacidad de comprender y compartir los sentimientos de los demás, y aunque los perros muestran un comportamiento que parece empático (por ejemplo, acariciar a una persona que está llorando), es difícil demostrar que los perros sienten realmente lo que siente otra persona. Los perros sí que muestran un comportamiento que parece indicar simpatía

CONSEJO

Siéntate frente a tu perro y bosteza. Es posible que su perro también bostece: un claro ejemplo de contagio emocional.

(sentimientos de lástima por el dolor o la desgracia de otra persona) y tienen una capacidad natural para mostrar un comportamiento de consuelo hacia los que están en peligro, normalmente la víctima de una pelea o una discusión. Aunque los perros no sean empáticos, sí muestran «contagio emocional», responden a las emociones de otro sin entender del todo lo que siente ese individuo. Esto es similar a un bebé que llora en respuesta al llanto de otro bebé o a una persona que bosteza en respuesta al bostezo de otro individuo.

Después de haber trabajado con perros durante tanto tiempo y de haber visto tantos perros que lamen y dan zarpazos a alguien que está angustiado, no puedo evitar pensar que la tranquilidad, la quietud y la tristeza de un perro al consolar a una persona que llora, al acariciar a un niño enfermo en el hospital o al recostar su cabeza en el regazo de una persona mayor se parece ciertamente a la empatía.

Cuanto más entendamos la experiencia emocional de los perros, más podremos ayudarles a vivir con éxito en nuestro mundo humano, porque las similitudes son innegables: los perros tienen las mismas estructuras cerebrales que producen emociones en los humanos, producen las mismas hormonas y experimentan los mismos cambios químicos que los humanos durante los estados emocionales.

CAPÍTULO 4

EL PERRO SENSORIAL

Para entender realmente cómo perciben el mundo los perros, hay que comprender su experiencia sensorial, desde las capacidades de su asombroso sentido del olfato, hasta la poderosa capacidad auditiva. Los sentidos están estrechamente vinculados a las emociones y las emociones son el motor de la mayoría de los comportamientos, por lo que entender sus capacidades sensoriales es fundamental para apreciar cómo es realmente la experiencia del perro en nuestro mundo doméstico.

El uso de los sentidos del perro, para ayudarle a aprender y combatir los problemas de comportamiento, se denomina *educación sensorial*, y los adiestradores en positivo aprovechan esta poderosa herramienta para ayudar a los perros a ganar confianza y aprender de forma eficaz.

CÓMO HUELEN LOS PERROS

Los perros viven en un mundo dominado por su sentido del olfato. La parte del cerebro dedicada al olfato se llama córtex olfativo; el de un perro es aproximadamente cuarenta veces mayor que el de un humano, aunque el cerebro de un perro es solo una décima parte del de un humano.

Los perros tienen una media de 250 millones de receptores olfativos en su nariz, mientras que los humanos tienen aproximadamente 5 millones. Mientras nosotros detectamos mejor los olores muy fuertes, los perros pueden detectar olores en concentraciones muy bajas, en partes por trillón.

Cuando un perro huele algo en el aire o en el suelo, interrumpe su proceso normal de respiración para recoger el olor. Olfatea para retener más olor y poder identificarlo. Las fosas nasales móviles, que se mueven independientemente unas de otras, recogen el olor de todas las direcciones. La mucosidad fresca y húmeda de la nariz del perro atrapa las moléculas de olor, que se disuelven en la mucosidad y son empujadas hacia arriba a través de la nariz por unos pequeños pelos llamados cilios. Las fosas nasales desembocan en una estructura ósea en forma de estante donde queda atrapado el olor, y la información recogida por las células receptoras se envía a los bulbos olfatorios y al cerebro para su procesamiento.

Los perros tienen lo que se conoce como órgano vomeronasal o de Jacobson, situado sobre el paladar duro de la boca, justo detrás de los incisivos, en la base de la cavidad nasal. La información recibida a través de este órgano va directamente al sistema límbico, que regula el estado de ánimo y dirige las emociones y la memoria. Dado que el olfato y la memoria están tan estrechamente vinculados, se pueden utilizar diferentes olores para cambiar la forma en que un perro se siente, siempre y cuando el olor esté emparejado con algo que le guste. Así, la comida puede ayudar a los perros nerviosos y ansiosos a superar sus miedos. Otros olores,

como la feromona sintética que atrae a los perros o la lavanda, pueden utilizarse para ayudar a disminuir la ansiedad promoviendo sentimientos de calma.

Cada persona tiene una firma olfativa única que es común a todas las partes del cuerpo y no se disuelve fácilmente en el agua o el aire, a menos que el agua esté hirviendo o el aire esté muy caliente. La mayor parte de la firma olfativa de un ser humano procede de la sustancia altamente grasa que segregan nuestras glándulas sebáceas. Las glándulas sudoríparas apocrinas situadas en zonas como las axilas, los genitales, la nuca y el vientre se activan con nuestro estado emocional, por lo

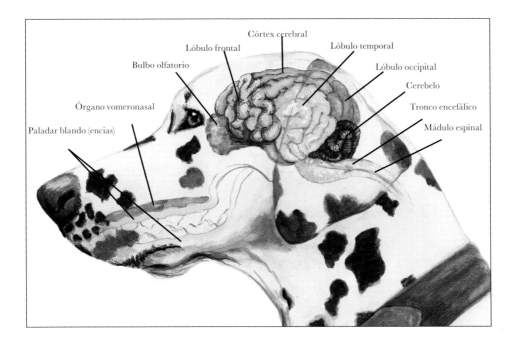

Córtex cerebral
Lóbulo frontal
Lóbulo temporal
Bulbo olfatorio
Lóbulo occipital
Cerebelo
Órgano vomeronasal
Tronco encefálico
Mádulo espinal
Paladar blando (encias)

CONSEJO

Puedes usar las increíbles habilidades de olfato de tu perro para fomentar el aprendizaje jugando juegos de olfato, como esconder comida y pedirle a tu perro que la encuentre, así como otras actividades de olfato que le darán confianza y enriquecerán su vida.

que los perros pueden oler fácilmente cómo nos sentimos, lo que apoya la teoría de que los perros pueden oler el miedo. Los perros también pueden detectar el olor por las células de la piel (balsas) que desprendemos en el proceso de la vida: unas treinta mil o cuarenta mil balsas por minuto. Cada vez que nos movemos, dejamos una masa de células cutáneas y olor a nuestro paso.

CÓMO VEN LOS PERROS

Gracias a las últimas investigaciones científicas, empezamos a saber cada vez más sobre cómo ven los perros el mundo que les rodea. Uno de los mayores mitos desmentidos por la ciencia es que los perros solo ven en blanco y negro. En contra de esa creencia popular, los perros tienen una visión dicromática, lo que significa que pueden ver tonos de amarillo y azul. Para procesar estos colores, el cerebro responde e interpreta las neuronas de la retina del perro. Los tonos de luz azul detectados en la retina provocan la supresión de esas neuronas, y los tonos de luz

amarilla provocan la excitación de las neuronas. El cerebro responde a esas señales con los colores que conocemos como azul y amarillo. En los daltónicos, las neuronas tienen una respuesta neutra a los colores rojo y verde, por lo que el cerebro los interpreta como matices de gris. Sin embargo, los investigadores aún no han determinado si ese fenómeno se da en los perros, o si el cerebro asigna esos colores de forma diferente.[1] Tenga en cuenta que si coloca un juguete rojo en la hierba, puede que a su perro le resulte un poco difícil encontrarlo.

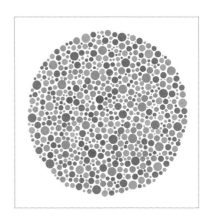

CEGUERA AL COLOR ROJO-VERDE: ¿puede ver el número incrustado?

Otro aspecto fascinante de la visión de los perros es su campo visual, o visión periférica. Mientras que los humanos pueden ver unos 180 grados a su alrededor, los perros pueden ver hasta 250 grados. Este campo de visión varía según la raza y se ve afectado por la orientación lateral de los ojos, pero tiene una media de 60 a 70 grados más que el campo de visión de los humanos.[2]

¿Se ha preguntado alguna vez si su perro ve bien en la oscuridad? La sensibilidad de los perros a la luz es otro aspecto de su visión que ha sido objeto de numerosas investigaciones científicas. A medida que los perros han evolucionado, también lo ha hecho su sistema de visión. Son capaces de ver bastante bien con poca luz, pero no han perdido su capacidad de ver con claridad también a la luz del día. El umbral mínimo de luz que necesitan los perros para ver es significativamente menor que el de los humanos, y se cree que pueden ver hasta cuatro veces mejor que las personas con poca luz.[3]

Solemos juzgar la agudeza visual humana (o la capacidad de ver los detalles de un objeto sin que este se vea borroso) utilizando la fracción de Snellen, siendo 20/20 el estándar base. Por ejemplo, 20/40 significa que la persona necesita estar a 6 metros de distancia para ver los detalles de un objeto que alguien con una visión 20/20 podría ver a 12 metros. Se cree que la agudeza visual media de un perro es de alrededor de 20/75.[4]

El sistema visual del perro es fascinante. Aunque no está tan desarrollado en ciertos aspectos en comparación con el de los humanos, está diseñado para ayudarles a navegar por el mundo según las necesidades específicas de su especie. Las presas se convierten en un objetivo más fácil en las horas de mayor actividad, como el amanecer y el atardecer, por lo que la visión de los depredadores caninos tiene que funcionar de forma más eficiente durante estos periodos de poca luz.

CÓMO SABOREAN LOS PERROS

Conociendo la extrema potencia del olfato de un perro, cabe suponer que su sentido del gusto es igualmente poderoso. Sorprendentemente, no es así. El sentido del gusto de su perro no es tan impresionante como el del olfato; tiene 1.700 papilas gustativas, en comparación con las 9.000 de la lengua humana. Al igual que en los humanos, las papilas gustativas de un perro se sustituyen por otras nuevas cada diez días aproximadamente.[5] Los sentidos del gusto y el olfato están estrechamente relacionados y trabajan juntos para evitar que su perro ingiera alimentos potencialmente venenosos. Sin embargo, los perros domesticados son

vulnerables a los alimentos y medicamentos humanos que han sido mejorados artificialmente para que sepan mejor a los humanos, lo que anima a los perros a comer, sin saberlo, cosas que suponen un peligro para su salud. El xilitol, por ejemplo, se utiliza ampliamente como sustituto del azúcar en alimentos como el chicle, y aunque el cuerpo humano lo procesa fácilmente, es muy tóxico para los perros y puede ser mortal si no se administra un tratamiento.

Al igual que los humanos, los perros pueden percibir los sabores dulce, salado, amargo y ácido. Los perros son uno de los pocos mamíferos que pueden percibir el furaneol, un sabor dulce que se encuentra

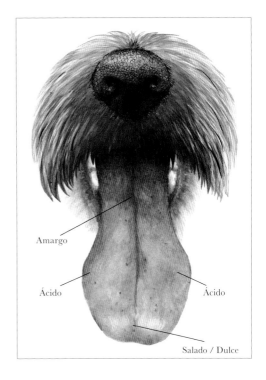

Amargo

Ácido

Ácido

Salado / Dulce

en las frutas. Es posible que los perros hayan desarrollado esta característica porque, en una dieta natural, complementan su ingesta de carne con fruta disponible cuando la necesitan. Curiosamente, los gatos domesticados no tienen la misma sensibilidad a los sabores dulces y salados que los perros. Se cree que los gatos carecen de sensibilidad a la sal porque obtienen el sodio necesario de su dieta carnívora.[6] Los perros tienen menos sensibilidad a la sal que los humanos, pero tienen receptores gustativos especiales que están programados específicamente

CONSEJO

Si su perro mastica objetos inapropiados, es posible que rociar algo amargo sobre el objeto no impida que lo mastique. Los receptores de sabor amargo de su perro se encuentran en la parte posterior de la lengua, y puede perder el sabor amargo por completo mientras traga.

para los sabores cárnicos. Si se pregunta por qué a su perro le gusta tanto la carne, piense en lo afinado que está su sistema sensorial para buscarla.

Otro dato fascinante sobre el sentido del gusto de los perros es que están especialmente atentos al sabor del agua, una característica sensorial de la que carecen los humanos. El receptor del sabor del agua se encuentra en la punta de la lengua del perro y se vuelve más sensible al sabor después de una comida especialmente azucarada o salada. Es posible que esto se haya desarrollado como una respuesta evolutiva para mantener a los perros hidratados mientras comen una dieta rica en carnes cargadas de sodio.[7]

CÓMO OYEN LOS PERROS

Es posible que haya oído que el oído de los perros es mucho mejor que el de los humanos (de ahí los diversos silbatos y dispositivos de sonido para perros). Mientras que el oído humano solo puede detectar tonos de hasta 20.000 hercios, los perros

pueden oír frecuencias de hasta unos 45.000 hercios. Lo que resulta aún más fascinante que las marcadas diferencias auditivas entre humanos y perros es cómo hicieron ese descubrimiento en primer lugar. Para medir la frecuencia a la que pueden oír los perros, los investigadores les enseñaron a responder a un sonido presentado seleccionando entre dos acciones. Normalmente, los perros elegían entre dos cuencos en los que se dispensaba una recompensa ; tenían que elegir el cuenco del mismo lado en el que se escuchaba el sonido. Si el perro elegía mal, no se le entregaba la recompensa. Los investigadores probaron a los perros con distintas frecuencias e intensidades para determinar qué podían oír y qué no.[8]

Los perros no nacen con la capacidad de oír. De hecho, nacen sordos. Sin embargo, al cabo de un mes, los cachorros han desarrollado una audición excepcional y son capaces de captar sonidos en todas las direcciones. Una vez que se ha establecido completamente, la sensibilidad de los perros al sonido es tan aguda que se ha demostrado que son capaces de detectar pequeños cambios de tono entre las notas. Con un sentido del oído tan agudo, no es de extrañar que algunos perros prefieran salir de la habitación al oír el sonido de una aspiradora o el llanto de un bebé.

Algunos perros son más sensibles al sonido que otros. La inclinación a la sensibilidad al sonido puede variar según la raza, ya que ciertas razas, como el border collie, han evolucionado a lo largo del tiempo para depender del sonido con el fin de realizar un trabajo, y ser capaces de oír las llamadas o los silbidos de los granjeros a larga distancia mientras pastorean ovejas. Dado que algunos perros son incapaces de filtrar entre la escucha activa (es decir, el acto de centrar el oído en un sonido específico) y la escucha pasiva, cuando hay un ruido de fondo que el cerebro oye pero no escucha activamente, estos perros pueden desarrollar sensibilidad al sonido o fobias al ruido. Las investigaciones también indican que los perros con sensibilidad al sonido son más propensos a tener comportamientos ansiosos. En un estudio de 2015, los perros que tenían más miedo a los ruidos eran más propensos a mostrar ansiedad por separación y en situaciones nuevas, y tardaban más en recuperarse de un evento estresante que los perros que tenían menos fobia al ruido.[9]

Curiosamente, los estudios han demostrado que los cachorros desensibilizados a ruidos como las tormentas eléctricas, los fuegos artificiales y los sonidos de la ciudad son menos propensos a desarrollar fobias al ruido cuando son adultos. Este mismo tipo de educación sensorial puede utilizarse cuando se trabaja con perros que ya han desarrollado fobias al ruido.

QUÉ SIGNIFICA EL TACTO PARA LOS PERROS

Quizá uno de los motivos por los que nos sentimos tan unidos a nuestros perros es que vemos muchos de nuestros comportamientos y gestos reflejados en los suyos. Los perros, al igual que los humanos, empiezan a explorar su sentido del tacto desde el momento en que nacen.

La madre de un cachorro le lamerá y le acariciará con el hocico, tanto como un gesto de consuelo como para estimular al cachorro a eliminar residuos. A su

vez, los cachorros deben recurrir al tacto para amamantar y buscar consuelo en el calor de su madre y sus hermanos. Estas formas de tacto recíproco pueden ayudar a establecer un vínculo entre la madre y los cachorros, un vínculo que es fundamental para la supervivencia de los cachorros a una edad tan temprana. Por ello, los cachorros pueden sentirse visiblemente angustiados cuando se separan de su madre o de sus hermanos.[10] Estos vínculos sociales con la madre y los hermanos son una parte fundamental de la socialización temprana del cachorro y pueden transferirse a los humanos para ayudar al cachorro a formar vínculos sociales a medida que envejece. Los cachorros nunca deben separarse de su madre o de sus hermanos antes de que tengan al menos siete u ocho semanas de edad. Hacerlo antes puede dañar la capacidad del cachorro para aprender y formar vínculos sociales saludables con otros perros a medida que crece. La madre y los compañeros de camada del cachorro proporcionan una valiosa información para todo tipo de habilidades sociales necesarias en la vida posterior, como el juego, la alimentación y el sueño.

Algunos perros son más sensibles al tacto que otros. Los perros que sufren dolor o inflamación pueden ser sensibles en esas zonas, y algunos perros tienen patas sensibles por naturaleza.

Si no se condiciona a los cachorros desde una edad temprana para que comprendan que una mano humana que se acerca no es amenazante, pueden crecer temiendo el contacto de los humanos. Muchos cachorros tienen un reflejo defensivo automático cuando ven que una mano se acerca a ellos, por lo que se suele recomendar habituar a un cachorro al tacto desde una edad temprana (desde el nacimiento hasta las dieciséis semanas).

CONSEJO

¡No cortes los bigotes de tu perro! A medida que aprendemos más sobre la experiencia sensorial de un perro, descubrimos cuán importantes son para la conciencia espacial y las habilidades sensoriales de los perros.

Otro componente fascinante del sentido del tacto de su perro son sus sensibles bigotes faciales. Mientras que los humanos sienten el mundo a través de los dedos, los perros suelen utilizar la cara. Estos bigotes, denominados vibrisas, están situados encima de los ojos, en el hocico, y debajo de la mandíbula, a los lados del hocico. Las vibrisas están presentes en casi todos los mamíferos, a excepción de los humanos. El hecho de que sean tan comunes en todas las especies sugiere su importancia para la seguridad y la supervivencia del animal.[11] Las vibrisas están cargadas de nervios que envían señales sensoriales al cerebro sobre los objetos cercanos, ayudando a compensar su visión imperfecta.

La sensibilidad al tacto varía de un perro a otro, pero siempre hay que tener especial cuidado al tocar la cabeza, el hocico, la cola, el abdomen y las patas. Las terminaciones nerviosas a lo largo de la columna vertebral del perro y hacia la cola hacen que la espalda sea una zona especialmente sensible, aunque en la que a la mayoría de los perros les gusta que les toquen. La sensibilidad de las patas es probablemente la razón por la que muchos perros odian que les toquen las patas o les corten las uñas. Algunos perros también padecen una condición de sensibilidad cutánea conocida como hiperalgesia, que hace que cualquier tipo de manipulación o aseo sea muy doloroso. Si su perro reacciona negativamente al ser manipulado o cepillado, llévelo al veterinario para descartar una causa médica.

Los sentidos de los perros se adaptan a sus necesidades específicas y varían en función de la raza o mezcla de razas que sean. Los perros que están acostumbrados a realizar tareas específicas suelen tener uno o más sentidos dominantes, dependiendo de cómo se les haya enseñado y del trabajo para el que hayan sido criados. Incluso los perros de compañía pueden beneficiarse de la estimulación de sus sentidos mediante una tarea o actividad específica, como un deporte canino o un paseo. Animar a su perro a utilizar sentidos específicos proporciona un importante enriquecimiento y beneficia la salud física y mental.

CONSEJO

Es muy importante acostumbrar a un cachorro a que lo toquen, ayuda a reducir una respuesta negativa a un estímulo después de presentaciones repetidas, a medida que el cachorro o el perro aprenden a tolerar e incluso disfrutar de ser manipulado o tocado. Debe hacerse lentamente para no abrumar y causar una asociación negativa con el estímulo o la experiencia.

PARTE II

EL SIGNIFICADO OCULTO DEL LENGUAJE CORPORAL Y VOCAL

Las sutilezas del lenguaje canino pueden pasar desapercibidas o malinterpretarse con facilidad. A quienes trabajamos con perros de forma habitual nos corresponde estudiar este lenguaje y ser sus traductores. Como los perros han evolucionado tan estrechamente con los humanos, la mayoría de las personas que comparten su vida con ellos han desarrollado una increíble capacidad de comunicación entre especies. Sin embargo, existe un rico lenguaje secreto que apenas se ha descubierto, aunque los resultados de las distintas investigaciones han arrojado más luz sobre lo increíbles que son nuestros perros.

CAPÍTULO 5

EL LENGUAJE LATERAL

Quizá le sorprenda saber que la forma en que su perro mueve la cola, huele un objeto o manipula un juguete está relacionada con su estado emocional. Lapredisposición lateral se manifiesta cuando un ser humano o un animal muestra preferencia por un lado de su cuerpo sobre el otro, lo que está vinculado al uso primario del hemisferio cerebral izquierdo o derecho.

PREFERENCIA DE LA PATA

Al igual que los seres humanos prefieren una mano (un brazo, una pierna y un pie), los perros tienden a tener un sesgo cuando se trata de usar sus patas. Observe a su perro jugar con un juguete y vea si prefiere una pata determinada. Esto se llama preferencia de pata, y la mayoría de los perros prefieren usar una pata sobre la otra, mientras que una minoría muestra destreza con ambas (lo que se llama ambilateral en los perros), igual que una persona ambidiestra.

Las pruebas sugieren que la preferencia de la pata están estrechamente relacionadas con las emociones y el comportamiento. Los perros que prefieren la pata izquierda suelen usar el hemisferio derecho del cerebro, mientras que los que prefieren la derecha tienen el hemisferio izquierdo más activo. Esta diferencia se refleja en sus tendencias de comportamiento. No es una sorpresa teniendo cuenta que el hemisferio derecho del cerebro controla el lado izquierdo del cuerpo y el hemisferio izquierdo controla el lado derecho del cuerpo. El hemisferio izquierdo

ZURDO: mayor excitación (hemisferio derecho)

DIESTRO: menor excitación (hemisferio izquierdo)

MENEO DE LA COLA HACIA LA IZQUIERDA:
cauteloso (hemisferio derecho)

MENEO DE LA COLA HACIA LA DERECHA:
confianza (hemisferio izquierdo)

se activa cuando el cerebro procesa emociones positivas como la felicidad, la excitación, la atención y el afecto; el hemisferio derecho toma el control cuando el cerebro procesa la tristeza, el miedo y otras emociones negativas.

Diversos estudios han demostrado que los perros diestros se excitan con menos facilidad y son más capaces de enfrentarse a entornos y situaciones novedosas, mientras que los perros zurdos muestran más agresividad hacia los extraños.[1] Otros estudios han demostrado que los perros ambibalentes son más reactivos a los ruidos fuertes, mientras que los perros con una fuerte preferencia de pata eran más confiados y juguetones y menos ansiosos o impulsivos.

Curiosamente, la preferencia de mano podría estar relacionada con problemas de aprendizaje y emocionales en las personas. Aproximadamente el 85% de las personas son diestras, y la preferencia por usar una mano en lugar de la otra es evidente en los niños alrededor de los dieciocho meses de edad. La preferencia por la mano derecha podría haber evolucionado porque la selección natural produjo una mayoría de personas con el control del habla y el lenguaje en el hemisferio cerebral izquierdo. Dado que el hemisferio izquierdo también controla los movimientos de la mano derecha, el desarrollo evolutivo produjo una mayoría de individuos con un sesgo del habla/lenguaje en el hemisferio izquierdo y una preferencia por la mano derecha para producir lenguaje escrito.[3]

DESCIFRAR EL MOVIMIENTO DE LA COLA

¿Su perro mueve la cola más hacia la derecha o hacia la izquierda? El movimiento y la dirección del movimiento de la cola es una expresión externa de emoción y refleja la forma en que los dos lados del cerebro procesan la información. Los estudios demuestran que los perros mueven la cola más hacia la derecha cuando saludan a personas que conocen y les gustan, así como a personas desconocidas (si son perros sociales), aunque el movimiento de la cola es más bajo. Mueven más la cola hacia la izquierda cuando ven a un perro desconocido.[4] De nuevo, el movimiento de la cola hacia la derecha está controlado por el hemisferio cerebral izquierdo, que se asocia a comportamientos más seguros, mientras que el movimiento hacia la izquierda está controlado por el hemisferio cerebral derecho, asociado a comportamientos de aproximación más cautelosos.

GIRO DE LA CABEZA

La forma en que gira la cabeza también es un indicador de cómo se siente. Los investigadores presentaron simultáneamente a los perros estímulos idénticos en sus lados izquierdo y derecho mientras comían de un cuenco. La dirección en la que giraban la cabeza indicaba qué lado del cerebro participaba en el procesamiento y la respuesta al estímulo, lo que revelaba la reacción emocional de los perros.[5] Los perros giraron sistemáticamente hacia la derecha en respuesta a las señales sociales de las llamadas de aislamiento o perturbación canina y a las vocalizaciones de juego canino, pero giraron hacia la izquierda cuando oyeron un trueno.

Los perros también giraron la cabeza hacia la izquierda en respuesta a las imágenes de gatos y serpientes, pero no a las imágenes de otros perros. Con la exposición repetida, se produjo un cambio hacia la derecha, lo que indica que el lado izquierdo del cerebro y sus emociones positivas asociadas estaban implicados.

Esto sugiere que las experiencias novedosas pueden influir en el miedo y otras emociones negativas que tienden a ser procesadas por el lado derecho del cerebro.

El modo en que un perro inclina o ladea la cabeza cuando se le habla también podría estar relacionado con cómo se siente o reacciona en una situación determinada, pero es más probable que esté tratando de entender lo que le dices en lugar de tener una reacción emocional a cómo se lo dices. Creo que es la forma canina de decir «¿eh?» o

«¿de qué estás hablando?». Algunos investigadores creen que, debido a que varios perros tienen la nariz larga, la inclinación de la cabeza les ayuda a ver mejor, pero yo lo interpreto más como una señal que se utiliza cuando un perro intenta oírte y entenderte mejor. El lenguaje humano es muy confuso.

PREFERENCIA POR LA NARIZ

Mientras que la preferencia de la pata y el meneo de la cola son controlados por hemisferios opuestos, lo que entra por la fosa nasal derecha se procesa en el lado derecho del cerebro, y viceversa.[7]

Los investigadores han descubierto recientemente que cuando los perros investigan diferentes olores, tienden a empezar y continuar investigando los olores «negativos» (como la adrenalina y el olor de un veterinario) con su fosa nasal derecha, pero empiezan con la derecha y cambian a la fosa nasal izquierda cuando investigan olores «positivos» como la comida o el olor de un perro conocido. Apreciar la predisposición de la nariz es beneficioso para todos los que tienen un perro, pero es especialmente importante si un perro está nervioso o ansioso. Presentarle la comida favorita de un perro en presencia de algo que teme, pero a una distancia suficientemente segura, puede cambiar por completo el funcionamiento de su cerebro y, por tanto, la forma en que percibe ese estímulo. Esto subraya por qué es tan beneficioso utilizar la comida para fomentar el aprendizaje y ayudar a los perros a superar sus miedos: ¡un buen olor puede promover sentimientos positivos!

Conocer la predisposición de su perro no solo le facilitará la enseñanza (si su perro tiene problemas para realizar una tarea que implica el uso de una pata que no suele utilizar, puede animarle a cambiar a la pata que le resulta más fácil), sino que también le permitirá comprender mejor su estado emocional y encontrar formas de reducir el estrés que pueda estar experimentando. También puede entender mejor la forma en que le responde y, con suerte, su cola se mueve más hacia la derecha cuando le da la bienvenida a casa al final del día.

CAPÍTULO 6

EL LENGUAJE DE LA SOCIALIZACIÓN

¡Qué alegría ver a un perro relajado y amistoso! Con el cuerpo fluido, la cola suelta, las patas y la cara relajadas, ojos ligeramente entrecerrados y mandíbula inferior abierta con la lengua descansando libremente. La posición del cuerpo neutra, ni se inclina hacia delante ni hacia atrás. Los perros felices muestran confianza y amabilidad; animan y a veces buscan activamente el contacto con otros perros o personas. Disfrutan de la interacción social y se sienten cómodos en su entorno.

Los perros socialmente seguros de sí mismos son buenos dando señales pasivas que sirven para reducir la posibilidad de atención no deseada y para fomentar la interacción social, así como señales más activas, como las reverencias de juego, para fomentar la interacción amistosa y no amenazante.

MENEO DE LA COLA

El meneo de la cola se malinterpreta frecuentemente. La mayoría cree que un perro mueve la cola solo cuando está contento, pero también la mueven cuando están excitados, demasiado estimulados o frustrados. Es una señal social que refleja lo que el perro está pensando y sintiendo. La forma en que la cola se mueve indica si el perro está amistoso, inseguro, temeroso, excitado, si se siente desafiado o le advierte que se mantenga alejado.

Por lo general, puede saber lo que siente su perro mirando una parte mientras observa lo que hace el resto de su cuerpo. La posición de la cola refleja lo que está sintiendo, pero es importante tener en cuenta que las distintas razas sostienen la cola de forma diferente. Un beagle en reposo puede tener la cola relativamente alta, mientras que la posición natural de la cola de un whippet es baja y curvada.

En general:

- Un perro confiado o excitado mantendrá la cola en el aire, permitiendo que el olor de las glándulas anales circule más libremente y anuncie su presencia.
- Una cola que se mueve de un lado a otro como un helicóptero y que va acompañada de un movimiento fluido y relajado del cuerpo y de un meneo de las nalgas indica amabilidad y disposición a participar.

Dado que la cola es un indicador primordial del estado de ánimo, además de ser importante para el equilibrio y la señalización, los perros con la cola amputada tienen más dificultades para utilizarla para comunicarse eficazmente, por lo que pueden perderse señales comunicativas vitales. Una cola larga en movimiento se ve e interpreta fácilmente, mientras que una cola corta es difícil de leer.

COLA EN EL AIRE: confiado o excitado

EL LENGUAJE DE LAS COLAS

COLA CONFIDENTE

COLA DE "HELICÓPTERO" EXCITADA

COLA RELAJADA

MOVIMIENTO RELAJADO DE LA COLA

JUEGO APROPIADO: el comportamiento juguetón del cachorro incrementa su facilidad social

JUGAR

El juego entre perros incluye conductas activas y repetitivas que significan cosas diferentes según el contexto. En general, el juego ayuda a los perros a ganar experiencia y a desarrollar importantes habilidades vitales que promueven una buena salud física y mental. El juego es una especie de simulacro de batalla en el que los perros ensayan acciones físicas que podrían necesitar en la vida. Un buen juego consiste en ganar y perder la partida «auto-manipulando». Se trata de dar y recibir: ser capaz de darse la vuelta cuando el otro perro se echa encima y luego invertir la situación y de mantener los papeles del juego en igualdad de condiciones.

Para que el juego sea satisfactorio, el perro debe leer con precisión las señales vocales y corporales. Los perros que no tienen la oportunidad de jugar suelen tener problemas para comunicarse e identificar estas señales. Los perros que juegan

de forma brusca (golpeando con el cuerpo, mordiendo con demasiada fuerza, montando y causando caos en general) pueden provocar reacciones negativas en otros perros.

El juego comienza en la etapa de cachorro y los ayuda a desarrollar una buena coordinación, al tiempo que les permite practicar una serie de comportamientos exagerados que fomentan la facilidad social. La mayoría de los perros jóvenes aprenden a jugar de sus compañeros o de sus mayores,

PLAY BOW: peaceful intentions/inviting play

pero los perros socialmente inexpertos o maleducados pueden causar problemas. Si su perro es prepotente o juega de forma demasiado brusca, no debería relacionarse con otros perros hasta que aprenda a saludar y jugar de forma agradable.

El juego apropiado a veces parece muy brusco, pero la intervención humana no suele ser necesaria. El conflicto se evita siempre que cada perro permita al otro ganar *y* perder el juego, pero a medida que los perros se excitan más, un simulacro de batalla puede convertirse en algo más serio.

La mayoría de los perros juegan de forma segura entre sí basándose en una serie de señales de corte que comunican sus intenciones pacíficas. Utilizan arcos de juego y comportamientos de desplazamiento, como olfatear, estornudar, bostezar, picar y lamer, durante breves momentos a lo largo del juego para comunicar que cualquier acción futura sigue siendo lúdica.

Lo bueno del juego es que la mayoría de los perros quieren seguir jugando con otros hasta la edad adulta. El juego funciona bien cuando ambos perros conocen

CONSEJO

Enséñele una señal confiable y utilícela para llamarlo antes de que el juego se vuelva muy intenso. Esto le dará tiempo para calmarse antes de volver a jugar.

las reglas, mantienen un nivel bajo de excitación y están dispuestos a ganar y perder el juego. El juego puede llegar a ser bastante ruidoso; esto suele estar bien a menos que las vocalizaciones aumenten y/o uno de los perros dé señales de apaciguamiento e intente escapar. Si el otro perro reconoce estas señales y retrocede, hay un buen entendimiento entre los jugadores, pero si el otro perro ignora las señales, normalmente los humanos tendrán que intervenir. Si se entiende cómo juegan los perros, se puede contribuir a que el juego siga siendo una actividad divertida y saludable para todos.

COMPORTAMIENTO DE SALUDO

Es posible que haya observado que los perros se saludan en arco, un patrón de saludo ritual cuando dos perros se acercan, se tocan las narices, se olfatean primero la boca y luego la zona genital. Cada perro tiene una firma olfativa única, y se cree que los perros pueden saber la edad, el sexo, la salud, la disponibilidad sexual y el estado emocional a través de las feromonas liberadas en la orina y por las glándulas situadas en estas zonas. Por eso, algunos perros tienen la embarazosa costumbre de oler la entrepierna de los humanos, sobre todo con los desconocidos o con las personas con las que se encuentran menos a menudo. Las glándulas apocrinas situadas en la zona de la entrepierna también dan a los perros mucha información sobre la persona que huelen, lo que es bueno para el perro, pero no tan cómodo para el humano.

ARCO DE OLFATEO: decirse «hola»

MONTAJE

A no ser que la hembra esté en celo, el comportamiento de monta tiene más que ver con la dominación social que con el sexo. Los cachorros montan a otros cachorros desde una edad temprana, mucho antes de llegar a la pubertad, para probar su flexibilidad y control sobre sus hermanos y hermanas más sumisos.

La dominación social es importante tanto para los machos como para las hembras, por lo que ambos sexos utilizan este comportamiento, y a veces con las personas. Aunque el dominio social es importante, los perros no llegan a nuestras casas con un plan bien pensado para hacerse con el control. Cuando los perros montan a las personas, puede ser porque están sobreexcitados, se sienten incómodos con la presencia de una persona o simplemente quieren controlar el movimiento. Es una buena forma de controlar a un individuo en el entorno del perro, especialmente si este no es bienvenido o es desconocido para el perro.

Los perros también se montan unos a otros durante el juego. Esto no suele ser un actoagresivo (a menos que el montador intente intimidar y el perro montado se enfade), sino un buen ensayo para un futuro comportamiento sexual o dominante y, de hecho, ayuda a que la agresión sea menos probable.

El comportamiento de monta puede disminuir si se eliminan los órganos sexuales, ya que eliminar las hormonas sexuales tiende a disminuir la reactividad, aunque la esterilización no asegura solucionar un problema de monta. De hecho, mientras que el deseo de controlar a otros puede disminuir en algunos perros, la esterilización puede hacer que otros tengan menos confianza y sean más reactivos, aumentando así el deseo de controlar mediante la monta.

Puede ser frustrante lidiar con el hábito de montar de su perro, tenga en cuenta que la causa puede ser tan inofensiva como que el perro quiera llamar la atención o quiera controlar a su compañero de juegos que tiene algo que su perro quiere. La monta es una buena forma de llamar la atención del perro y de distraerlo, y puede ser una estrategia eficaz para robarle un juguete al perro que está montando.

MARCADO DEL OLOR

Marcar el territorio con la orina y las heces es solo una de las formas en que los perros dejan información sobre sí mismos y reúnen información sobre

MARCADO DEL OLOR: dando información o marcando territorio

otros que se han ido antes. Oler el olor de otro perro es una forma eficaz de obtener información sin encontrarse realmente, por lo que es importante dar tiempo a su perro para que ponga la nariz en el suelo en lugar de apartarlo.

Los perros machos suelen levantar las patas sobre superficies verticales, como árboles o bocas de incendio, para que su olor llegue lo más alto posible. Esto es útil, ya que no solo pone el olor a la altura de la nariz, facilitando que otro perro lo huela, sino que permite que las moléculas de olor se dispersen por una zona más amplia y muestra al olfateador lo grande que es el marcador. Marcar superficies verticales también hace más difícil que otros perros marquen sobre ellas. Algunos perros machos y hembras de menor tamaño hacen esfuerzos especiales para conseguir que su orina esté más alta, haciendo pino contra una superficie vertical como una pared o rociando orina mientras caminan. Las hembras también marcan su territorio con orina, y ambos sexos tienden a raspar la zona circundante con sus patas traseras después de ir al baño, lo que no solo deposita el olor de las patas en el suelo, sino que también eleva el olor en el aire para dispersarlo en una zona más amplia. Estos mensajes químicos son el equivalente a escribir una nota o leer las noticias locales del día.

Los perros, al igual que los gatos, también marcan lugares, objetos e incluso personas frotando sus caras y cuerpos en ellos. El hecho de esparcir el olor indica a los demás que tienen derecho a un objeto o zona determinados, pero también puede ser una señal de que el perro se siente incómodo con la presencia de una persona.

LAMETONES

Los lametones son importantes desde el día en que el perro nace. Las madres lamen a sus cachorros inmediatamente después de nacer para estimular la respiración, facilitar el movimiento y animan a los cachorros a eliminar sus residuos. Sin estos lametones, los cachorros tendrían pocas esperanzas de sobrevivir. Los cachorros también aprenden que lamer alrededor de la boca de su madre la estimulará a regurgitar comida para ellos, aunque esto es menos común en las camadas domésticas. Los lametones son también una importante señal de apaciguamiento utilizada durante los rituales de saludo. A menudo se ve a los cachorros lamiendo alrededor de la boca de su madre como gesto de sumisión. Los cachorros y los perros adultos suelen repetir estos comportamientos con perros más dominantes, así como con sus cuidadores humanos.

LAMER: sumisión/atención/aprobación

Si un perro está herido, suele lamer la herida para limpiarla y aliviar el dolor. De hecho, algunos perros se lamen las partes de su cuerpo que les duelen aunque no haya ninguna herida. Aunque la acción de lamer ayuda a limpiar los restos de la herida, y la saliva tiene algunas propiedades curativas, también es portadora de bacterias que pueden causar infecciones si la herida no se trata adecuadamente. Los perros con alergias o infecciones por hongos suelen lamer zonas húmedas, como los genitales o las patas, para aliviar el picor, el dolor y la sensibilidad.

LOS *ZOOMIES*

¿Su perro corre como un animal enloquecido? En un momento está quieto y relajado; al siguiente, corre por tu casa como un cohete. Los *zoomies* caninos, más conocidos como períodos de actividad aleatoria frenética o FRAP, ayudan a los

cachorros a liberar energía. Los FRAP suelen producirse durante los juegos entre perros y/o personas y en momentos de gran excitación. Algunos perros hacen *zoom* después de ser aseados o bañados, tal vez como una forma de liberar la tensión acumulada por una actividad que no les gusta. Cualquiera que sea la causa de los *zoomies* de su perro, se trata de un comportamiento normal e inofensivo; el perro libera esa energía reprimida y los padres de las mascotas sonríen.

CONSEJO

Antes de comenzar a enseñar a su perro, simplemente juegue con él o sea parte de su actividad favorita. Esto fomenta la unión y le muestra a su perro que usted es la fuente de diversión. Y cuando se trata de enseñarle señales a su perro, asegúrese de usar técnicas humanas y sin miedo que promuevan la confianza y fomenten el aprendizaje.

- Comience a socializar a su perro tan pronto como se una a su familia. La socialización promueve la seguridad y la confianza, y los perros que son socialmente seguros sienten menos necesidad de ser agresivos hacia personas y otros animales.

- Mucho ejercicio. El ejercicio es un poderoso calmante para el estrés y ayuda a prevenir o modificar comportamientos como ladrar y masticar en exceso o comportamientos relacionados con el estrés, como la ansiedad por separación y la agresión.

- Ejercita el cerebro de tu perro. Usar juguetes de actividades y jugar con tu perro proporciona una estimulación mental importante y aumenta el vínculo humano/animal

- Manténganse saludables, ¡ambos! Eres lo que comes, y también lo es tu perro. El comportamiento de su perro puede verse muy influenciado por los alimentos que come. Evite las marcas baratas y alimente a su perro con una dieta buena y saludable.

CAPÍTULO 7

EL LENGUAJE DEL MIEDO

Todo lenguaje canino comunica una intención y se utiliza para influir en el comportamiento de los demás, ya sea para atraerlos al contacto social o para alejarlos. Aunque es relativamente fácil leer el lenguaje de un perro temeroso, hay algunas señales que se malinterpretan o son difíciles de interpretar porque son muy sutiles.

El miedo es la respuesta del perro a una amenaza externa percibida y es manejada por la amígdala, el centro emocional del cerebro; la ansiedad es la respuesta del perro a una amenaza anticipada (aún no vista) y es manejada por la corteza prefrontal.[1] La presencia de un extraño puede provocar una respuesta de miedo porque esa persona es desconocida; un perro también puede estar ansioso en presencia de una persona conocida porque ha tenido una experiencia negativa y anticipa que podría volver a ocurrir algo similar.

Aunque algunos perros están genéticamente predispuestos a ser temerosos, una susceptibilidad anormal al miedo suele derivarse de un único incidente traumático o de una exposición prolongada a un estímulo temible. Los perros que han tenido una experiencia limitada con personas, otros perros o situaciones diferentes también pueden ser temerosos en situaciones sociales y evitar activamente la interacción social.

El lenguaje de apaciguamiento o deferencia está diseñado para apaciguar a los demás; suele ser la primera línea de defensa cuando un perro está nervioso porque se acerca alguien o se encuentra en un entorno abrumador o aterrador. Las relaciones sanas entre los perros se mantienen mediante el lenguaje de deferencia para mantener la paz y evitar la violencia física, lo cual es importante para la supervivencia del grupo. Mientras que el lenguaje de apaciguamiento activo , como lamer el hocico, comunica que el perro quiere atención -se ve a menudo durante los saludos-, los comportamientos pasivos y sumisos, como la voltereta del vientre, comunican que el perro no quiere atención y que, de hecho, quiere que ese individuo se vaya (véase la página opuesta).

Algunos ejemplos de lenguaje de apaciguamiento y deferencia son los siguientes

- Mover o bajar la cabeza
- Lamer el hocico
- Girar la cabeza
- Ojos de ballena (mostrando el blanco)
- Orejas planas
- Lamer el labio
- Levantar la pata
- Cola baja

- Mover la cola
- Cola metida entre las piernas
- Cuerpo curvado y agachado
- Voltear el vientre: el perro se voltea rápidamente, exponiendo su vientre; no está pidiendo que le froten el vientre, sino que se retira de la interacción
- Arqueos de juego
- Orinar de forma sumisa

Una cola baja o entre las piernas indica falta de confianza, nerviosismo, sumisión o miedo (véase la página opuesta); una cola alta pero movida más lentamente significa que el perro es cauteloso y está evaluando la situación.

Los perros suelen mover ligeramente la cola durante los saludos, ya que el perro está evaluando el riesgo con cautela; un movimiento lento y bajo de la cola suele indicar inseguridad.

EL LENGUAJE DEL APACIGUAMIENTO Y LA SUMISIÓN

VOLTEAR EL VIENTRE: déjame en paz

OJO DE BALLENA: deferencia

COLA DE CABALLO: falta de confianza

El lenguaje de desplazamiento se utiliza cuando el perro está ansioso o estresado y necesita autocalmarse o desviar la atención de una amenaza percibida. Este lenguaje suele ser activo e incluye lo siguiente

- Estornudos
- Sacudir
- Olfateo
- Lamer la nariz
- Bostezar
- Girar
- Pasearse
- Castañeo de dientes
- Sacudirse, para liberar el estrés y la tensión

El lenguaje del estrés y el miedo, cuando el perro experimenta una respuesta de miedo exacerbada. Es una señalización pasiva y activa. La mayoría de los perros temerosos utilizan este lenguaje para mantener alejada la cosa que temen en lugar de tener que luchar contra ella, pero si el estímulo sigue acercándose, al perro no le queda otra opción que huir o luchar por la supervivencia. Se asume que los perros que bostezan están cansados; aunque es cierto a veces, el bostezo también es un signo de estrés. Otros signos son:

- Lamerse los labios o mover la lengua
- El perro se queda quieto durante unos segundos antes de reaccionar
- El perro se queda quieto hasta que la amenaza desaparece o decide luchar o huir
- Cola baja: incomodidad e incertidumbre
- Ojos de ballena: aparta la cabeza pero sigue mirando a la amenaza, mostrando el blanco de los ojos
- Evita mirar la amenaza
- Cejas fruncidas, cejas curvadas: causadas por la tensión facial
- Mandíbula tensa: la boca está cerrada, se está preparando para la acción
- Lengua curvada: la lengua curva en los bordes debido a la tensión
- Jadeo rasposo y «seco»: el nerviosismo reduce la producción de saliva
- Sacudidas: la liberación de adrenalina hace que el perro se sacuda como si intentara quitarse el agua del pelaje

HILADO: autocalibrado

CUERPO ENCOGIDO, COLA BAJA: estrés y miedo

ANGUSTIA POR SEPARACIÓN

Los perros que temen estar solos nunca deben reprenderse o ponerlos en su lugar por tratar de lidiar con ese miedo vocalizando o siendo destructivos. Los perros forman vínculos sociales tan fuertes con sus cuidadores humanos, que puede ser aterrador que esa persona se vaya. En su increíble libro *Animals in Translation*, Temple Grandin escribe cómo la angustia por separación está vinculada a los sistemas más primitivos del cerebro, incluidos los de respuesta al dolor, apego al lugar y termorregulación (la regulación de la temperatura corporal). Cuando nos separamos de las personas que queremos, solemos hablar del dolor que sentimos y del deseo de estar en casa. Hablamos de las personas amistosas como si fueran cálidas y de las personas antipáticas como si fueran frías. Los investigadores creen que «el calor social evolucionó a partir del sistema cerebral que maneja el calor físico» y que «el apego social es un mecanismo de supervivencia que evolucionó en parte a partir del mecanismo de supervivencia de mantener el cuerpo caliente».[2] Sin duda, me siento identificada con esto. Durante el rodaje de mi programa de televisión *It's Me or the Dog*, pasé mucho tiempo lejos de mi familia, incluida mi

hija de cinco años, y el dolor de estar separada de ella durante tanto tiempo fue tan intenso que me deprimí y enfermé físicamente. Mi experiencia me enseñó que, entre otras cosas, el miedo que experimentan los perros puede ser debilitante y nunca debe trivializarse. También me enseñó que, lejos de lo que creen otros expertos en comportamiento, consolar físicamente a un perro temeroso no refuerza su miedo. De hecho, el apego seguro que proporciona una persona de confianza ayuda a calmar la ansiedad y fomenta la confianza, igual que hace una madre cuando consuela a su hijo asustado.

CÓMO COMBATIR EL MIEDO

Los perros temerosos pueden rehabilitarse, pero el éxito depende del tipo de miedo, la duración de la exposición y la capacidad de adaptación del perro al aprendizaje. Los perros que tienen fobias, como la del ruido, pueden ser más difíciles de tratar, ya que suele estar muy arraigada. Pero con tiempo, comprensión, paciencia y un buen plan de rehabilitación, se *puede* dar un giro a la vida de un perro temeroso.

La clave del éxito de la rehabilitación es la estrecha relación entre el miedo y la curiosidad. Un perro puede tener miedo de una situación concreta, pero mientras su cerebro no esté cerrado con tantas emociones negativas que sea realmente incapaz de aprender, puede despertar su curiosidad natural presentándole algo poderoso que le guste a una distancia segura de la fuente de su miedo y, a medida que el perro gane confianza, ir disminuyendo gradualmente esa distancia. Activar el cerebro pensante del perro desactiva el cerebro emocional; esto mejora la atención del perro con una motivación positiva y le permite pasar a un estado más tranquilo en el que puede tener lugar el aprendizaje. Por ejemplo, si su perro teme a las personas que se cruzan con él en la calle, puede presentar a una persona (pida ayuda a un buen amigo) a una distancia segura, activar el cerebro pensante de su perro con una actividad como un juego de tira y afloja o "ve a buscar la golosina", y jugar al juego mientras su amigo pasa. Esto no solo convierte una experiencia negativa en una positiva, sino que también empieza a crear una asociación positiva entre la persona y el juego. Si estas experiencias combinadas continúan, la visión de una persona provocará en su perro emociones positivas al anticipar el comienzo del juego. El juego es aún más potente si se trata de algo que a su perro le encanta hacer y se juega *solo* en presencia de personas u otro estímulo que su perro teme.

DEVUÉLVALE EL CONTROL

El miedo puede ser bastante debilitante para los perros, porque a diferencia de las personas, los perros no tienen control sobre su miedo. En general, las personas tienen más poder para lidiar con su miedo, en el sentido de que pueden manejarlo cambiando su situación y entorno o recibiendo ayuda con terapia o medicación. Los perros no tienen ese poder. Si tienenmiedo de algo, sí pueden huir, pero no pueden hacerlo si están confinados en una casa o restringidos por una correa que tú sujetas. Pueden luchar, pero esto no es aceptable en nuestra sociedad, por lo que son castigados, encerrados o abandonados en refugios. Dar a los perros el poder de enfrentarse a sus miedos, así como guiar las decisiones que toman, puede contribuir en gran medida a que adquieran más confianza.

Si su perro tiene miedo de que entren personas nuevas en su casa pero no se muestra agresivo con ellas, dele el poder de afrontar la situación de la mejor manera que sepa. Observe cómo reacciona su perro cuando un extraño entra en su casa. Si se escabulle y evita a la persona, déjelo. Practicar la evasión es una de las mejores formas que tiene un perro de afrontar una situación, así que si se retira a otra habitación o se va a su cama, permítale hacerlo. También puede ayudar a la situación pidiendo a su nuevo invitado que se abstenga de acercarse, hablar o tocar a su perro. Cuando se elimina cualquier intento de interacción social, se quita presión al perro, dándole el espacio que necesita para estar cómodo. Si su perro prefiere no socializar, respete su decisión y no fuerce la situación: no todos los perros son mariposas sociales.

Si su perro ladra a los invitados cuando entran, y le preocupa que la situación pueda empeorar si el invitado intenta establecer contacto, prepare a su perro para el éxito y alivie la presión poniéndolo detrás de una puerta para bebés o en su propia habitación mientras el invitado está allí. Crear una zona segura para que su perro vaya cuando entren nuevas personas en la casa es una forma estupenda de mantener la seguridad de todos y de darle tranquilidad a usted (y a su perro).

Permitir a su perro cierta autonomía al tiempo que le proporciona una mano que lo guíe le dará confianza y el poder de enfrentarse a un mundo sobre el que no tiene control. Adaptar el entorno de su perro y ayudarle a acostumbrarse a lo que le ha causado miedo en el pasado le ayudará a superar lo que puede ser una emoción abrumadora y debilitante. Observar y comprender lo que su perro dice física y vocalmente, incluso cuando el lenguaje es muy sutil, puede ayudarle a satisfacer sus necesidades, mejorar su confianza y reducir su miedo.

CAPÍTULO 8

EL LENGUAJE DE LA AGRESIÓN

El comportamiento agresivo indica la necesidad de un perro de aumentar la distancia con respecto a un peligro percibido; las muestras de amenaza y acción de un perro van desde un sutil levantamiento de labios hasta un profundo mordisco. En la mayoría de los casos, la intención del perro no es hacer daño, sino hacer desaparecer la amenaza. Podemos leer con facilidad el lenguaje agresivo, como las embestidas, los gruñidos, los chasquidos, los ladridos y los mordiscos, pero algunas otras señales de advertencia pueden ser difíciles de ver o fácilmente malinterpretadas. Por ejemplo, un perro que bosteza puede estar cansado, pero también podría estar bostezando porque está estresado en una situación concreta. Si una persona malinterpreta el contexto del bostezo, podría correr el riesgo de ser mordida.

Los perros pueden morder cuando están temerosos, nerviosos, ansiosos, frustrados o con dolor, pero también son más propensos a morder si tienen un alto impulso de presa, que les lleva a morder y/o matar a otro animal como parte de la secuencia depredadora. El comportamiento agresivo a veces surge de una combinación de problemas ocultos que están profundamente arraigados. Piensa en el comportamiento como si fuera una planta de mala hierba que puedes ver y tocar y que se sostiene gracias a un complejo sistema de raíces subterráneas. Si puede llegar al sistema de raíces y eliminar cada una de ellas, la mala hierba morirá, pero si solo corta el tallo y las hojas, esto suele estimular a la mala hierba para que crezca más activamente. Del mismo modo, si utiliza métodos de adiestramiento punitivos para suprimir el comportamiento agresivo de su perro, estos métodos no solo no abordan la causa de fondo, sino que pueden actuar como estimulantes, manteniendo el estrés y manteniendo el comportamiento muy vivo.

El comportamiento agresivo en todos los perros, grandes y pequeños, debe tratarse con sensibilidad y compasión, ya que los perros agresivos están sometidos a estrés , y este estrés debe gestionarse mientras se pone en marcha un plan de modificación del comportamiento. Cada caso es único, por lo que cada plan de tratamiento es diferente.

Los perros utilizan un lenguaje defensivo para advertir a una amenaza percibida que se aleje; utilizan un lenguaje ofensivo cuando sienten que no tienen otra opción que responder con violencia. Este lenguaje suele ser fácil de ver; sin embargo, las señales como las microcongelaciones (en las que el perro se queda quieto durante un breve momento antes de arremeter) son más difíciles de interpretar. Las señales agresivas incluyen las siguientes en el orden típico de escalada:

- Ojos duros y fijos
- Boca tensa
- Microcongelación
- Labios adelantados, dientes expuestos mientras el perro gruñe

- Orejas erguidas y mantenidas en forma de V
- Frente arrugada
- Gruñido bajo y sostenido

Una cola que se mueve no siempre indica un perro feliz. Los perros que están demasiado excitados a menudo mueven la cola muy rápido. Un perro que mueve la cola pero ladra con una postura corporal defensiva, cara tensa y ojos duros y fijos está demasiado excitado y frustrado, lo que significa que no se le debe acercar.

DEFENSIVO/AMENAZANTE: ojos duros y fijos, boca tensa, microcongelación, orejas puntiagudas, frente arrugada, cuerpo rígido, inclinación hacia delante

AGRESIVO: gruñido con los dientes expuestos   AMENAZANTE: levantó los pelos de punta

EL LENGUAJE DE LA AGRESIÓN

AMENAZA: la cola se mantiene alta sobre la espalda con el pelo de la cola hinchado

CHASQUIDO DE AIRE: una advertencia de que hay que retroceder

AGRESIÓN MANIFIESTA: abalanzarse para morder

Las señales de amenaza/alerta incluyen las siguientes:

- Cuerpo rígido e inclinado hacia delante
- Hocicos levantados
- Mover la cola
- Gruñido o ladrido bajo y sostenido

- Cola sostenida entre las piernas o alta sobre la espalda con el pelo de la cola hinchado
- Cola extendida y curvada, lo que indica que el perro está tenso y listo para emprender una acción ofensiva o defensiva

Las señales de escalada incluyen las siguientes:

- Chasquido de aire: se utiliza para advertir a algo de que se aleje
- Chasquido con contacto con la piel pero sin daño
- Mordedura con contacto con la piel que provoca moretones
- Mordiscos que rompen la piel
- Mordedura que rompe y desgarra la piel
- Mordedura que rompe y desgarra la piel; el perro se agarra y se sacude

SUPRESIÓN DEL COMPORTAMIENTO AGRESIVO

Suprimir el comportamiento agresivo es muy diferente a cambiarlo realmente. Cualquiera puede utilizar un duro castigo físico o mental para suprimir un comportamiento negativo, y la supresión funciona rápidamente, pero las repercusiones hacen que cualquier «éxito» momentáneo sea inútil, sobre todo a largo plazo. La supresión física o mental provoca más estrés a un perro agresivo, incluso cuando parece que el comportamiento ha cesado y el perro ya no reacciona. Lo que se ve como un comportamiento más tranquilo, tan a menudo exhibido por perros cuyo comportamiento ha sido suprimido por medios violentos, se etiqueta erróneamente como «sumisión tranquila», pero en realidad esconde una lucha interna física y mental. Tras la violencia, los perros recurren a la quietud física porque es más probable que detenga al agresor. Por tanto, aunque el perro reprimido pueda parecer más tranquilo (se queda quieto, jadea con la boca abierta o mantiene la boca firmemente cerrada, mira fijamente al frente y deja que su cuerpo se suelte), no está realmente calmado, porque el cortisol, la hormona del estrés, tarda mucho tiempo en abandonar el cuerpo después de un acontecimiento que lo induce al estrés. Un perro que está realmente tranquilo respira a un ritmo constante y tiene un ritmo cardíaco regular; un cuerpo relajado y fluido; ojos suaves y poca tensión facial.

POR QUÉ LOS PERROS VIGILAN SUS RECURSOS

Proteger las cosas que son valiosas para nosotros es normal y esperado Alarmamos nuestras casas y coches, mantenemos a nuestras familias y posesiones cerca de nosotros, y nos enfadamos cuando alguien viola nuestro espacio y se lleva cosas que valoramos. Nuestros perros también protegen cosas que son importantes para ellos,

pero cuando intentan defender su territorio o vigilar recursos, son castigados.

Si alguien intentara robarte el bolso, ¿qué harías? ¿Intentarías recuperarlo o lo dejarías pasar? Lo más probable es que reaccione por impulso para proteger un recurso valioso, pero cualquier decisión podría comprometer su seguridad. Los perros hacen lo mismo cuando se les quita algo de valor. Pueden dejar que se lo lleven o pueden advertirle de que se aleje levantando el labio, mostrando los dientes, quedándose muy quietos, gruñendo, chasqueando o mordiendo si no hace caso a su lenguaje de advertencia.

Aunque el comportamiento de guardia es normal, se convierte en un

CONSEJO

If your dog's guarding behavior concerns you, remove the object or block off the location he is guarding so he can't keep practicing the behavior. Then call in a qualified trainer to help solve the problem, as this is a serious behavior that needs professional attention.[1]

problema cuando se produce en nuestros hogares, especialmente si el perro ha mordido. La mejor manera de persuadir a un perro para que deje de vigilar un recurso (puede ser comida, juguetes, muebles, camas para perros o incluso personas) es evitar que se produzca el comportamiento en primer lugar, enseñando a su perro a compartir las cosas que valora en lugar de vigilarlas. Castigar a su perro por vigilar los recursos le hará sentirse más inseguro, pero cuanto más le demuestre que usted es la fuente de todas sus cosas buenas y que su presencia cerca de lo que valora significa que le suceden cosas buenas, más confiado estará y menos sentirá la necesidad de vigilar.

PREVENCIÓN DE LAS MORDEDURAS DE PERRO

Si su perro ha mordido a una persona o a otro perro, es fundamental que determine la causa de la mordedura y que controle las situaciones futuras para que su perro no se encuentre nunca en situación de volver a morder. Tanto si su perro ha mordido una vez como si tiene un historial de mordeduras, su prioridad número uno es mantener a su perro cómodo y a otras personas y animales seguros, controlando el entorno de su perro en todo momento. Es difícil supervisar las interacciones de un perro en todo momento y prácticamente imposible evitar los encuentros entre tu perro y las personas y otros animales, por lo que debes estar preparado para afrontarlo. Todos los propietarios de perros saben que la gente se acerca y toca a sus perros sin preguntar. Es comprensible, porque vivimos en una nación de amantes de los perros, pero debe haber límites, así como información clara sobre cómo saludar a un perro de forma adecuada. Deben seguirse normas básicas como las siguientes: evitar besar a los perros en el hocico; no abrazar a un perro extraño o que no se conozca muy bien; no alargar la mano para tocar a un perro sin invitación; estar atento a las señales que indican que un perro está incómodo, como evitarlo, lamerse los labios y bostezar; y si se le dice que está bien acariciar a un perro, permitirle entrar en su espacio personal en lugar de invadir el suyo. La concienciación general de estas prácticas respetuosas mantiene a todos seguros y cómodos.

Criar a los perros en un entorno afectuoso, así como manejarlos y adiestrarlos de forma humanitaria, les dará confianza para enfrentarse a lo nuevo y lo desconocido tanto en casa como fuera de ella. Socializar bien a su perro hará que se sienta más cómodo en todo tipo de situaciones y fomentará la sociabilidad en lugar de la torpeza social.

CAPÍTULO 9

EL LENGUAJE DE LA VOCALIZACIÓN

Los perros se comunican con el mundo que les rodea de todo tipo de formas. Un aspecto especialmente importante de la comunicación canina es su forma de vocalizar, lo que incluye ladridos, gruñidos y gemidos.

Una vocalización excesiva puede resultar molesta, pero no es buena idea castigarlos por intentar comunicarse. En el mejor de los casos, dañará la capacidad de comunicarse con él; en el peor, puede ser una medida peligrosa: podría convencerle de que deje de utilizar el lenguaje de advertencia y pase directamente a la mordida. El perro agresivo silencioso es el más peligroso.

Los perros comunican sus intenciones con la duración y la frecuencia de sus ladridos. Si el perro se mantiene firme mientras le advierte de que se aleje, utilizará un gruñido sostenido y profundo; los perros que gruñen en ráfagas más cortas suelen ser más temerosos y están en conflicto sobre si luchar o huir. Los sonidos rápidos y agudos indican excitación o urgencia; una serie de vocalizaciones intermitentes significa que está menos interesado en una situación concreta.

COMUNICACIÓN VOCAL

RÁPIDO Y AGUDO = excitación y urgencia

GRUÑIDOS DE RÁFAGA CORTA= temeroso y conflictivo

GRUÑIDO CONTENIDO Y PROFUNDO= mantente alejado

LADRIDOS

Los perros ladran por muchas razones, como cuando están excitados, temerosos o ansiosos, o desean atención; ladran como advertencia o porque están aburridos. En el caso de los perros que ladran en exceso, el primer paso es entender el motivo, porque aunque las soluciones rápidas, como los collares de citronela y los collares de descarga, pueden suprimir los ladridos de su perro en el momento, causan más estrés y no funcionan a largo plazo.[1]

El primer paso para abordar los ladridos excesivos es asegurarse de que realmente son un problema. En algunos casos, como guardianes podemos tener los fusibles demasiado cortos, pero en otros podemos asumir erróneamente que el persistente parloteo canino que nos resulta tan frustrante es en realidad muy normal y tenemos que aprender a vivir con él. Sí, es típico que los perros ladren cuando suena el timbre o cuando se excitan, pero los ladridos excesivos en cualquier situación suelen ser un síntoma de un problema subyacente más grave.

LADRIDOS DE ATENCIÓN: necesitado

LADRIDOS DE ATENCIÓN

Cuando los perros reclaman atención ladrando, me recuerda a un niño que tira constantemente de la ropa de su madre o la interrumpe mientras habla. Es tan importante enseñar a su perro algunos modales básicos como a su hijo, siempre y cuando no haya una razón más seria para su necesidad y deseo de atención. Los perros que están necesitados, ansiosos o estresados son más propensos a ladrar para llamar la atención que los perros seguros de sí mismos, es importante tratar primero esa necesidad antes de enseñarles que con los ladridos no conseguirán la atención que desean.

LADRIDOS DE EXCITACIÓN

Los perros ladran por excitación, al igual que a las personas. Este comportamiento se produce normalmente antes de salir a pasear o de ser alimentado, lo que hace que sea difícil de trabajar, porque las personas suelen tener un patrón fijo de señales previas a la salida y a la alimentación, que están muy ritualizadas. Los perros captan estas señales y ladran en previsión.

LADRIDOS DE EXCITACIÓN: anticipación de comida o paseo

LADRIDOS DE ANSIEDAD

A algunos perros no les gusta estar solos y se ponen ansiosos cuando se separan de sus humanos. A menudo, ladran en un esfuerzo por restablecer el contacto o tranquilizarse. Los ladridos de soledad/ansiedad suelen ser una serie, seguidos de largas pausas mientras el perro escucha para ver si sus llamadas han sido respondidas. Los perros solitarios a veces ladran durante horas hasta que alguien les responde.

LADRIDO DE ANSIEDAD: soledad

LADRIDOS DE ABURRIMIENTO

Los ladridos del patio trasero son un sonido demasiado familiar para el vecindario. Suelen ser la prueba de que un perro se ha quedado solo o en casa todo el día. Pueden ser autocalmantes y dan al perro algo para pasar el tiempo. Si tu perro ladra por aburrimiento, es esencial que hagas que su día sea más enriquecedor contratando a un paseador de perros o llevándolo a una guardería canina. Nunca se debe culpar a un perro aburrido por ladrar cuando es responsabilidad del dueño asegurarse de que se atienden todas sus necesidades.

LADRIDO DE ABURRIMIENTO: autocalmante

LADRIDOS DE ADVERTENCIA

LADRIDOS DE ADVERTENCIA: peligro inminente

Los perros fueron el primer sistema de alarma del ser humano, y por mucho que hoy utilicemos la tecnología para alarmar nuestros hogares, la presencia de un perro ladrando sigue siendo un eficaz elemento disuasorio. Los ladridos de advertencia son más urgentes cuando un visitante se acerca a la puerta o a la propiedad. Estos ladridos suelen ser rápidos y de tono más bajo, y comunican que hay un peligro inminente, a diferencia de los ladridos rápidos y de tono más alto que indican que un perro está emocionado por saludar a alguien. Los ladridos de excitación suelen cesar una vez que el visitante es identificado y aceptado como no amenazante.

¿CÓMO PUEDO EVITAR QUE MI PERRO LADRE TANTO?

La mejor receta para modificar los ladridos de cualquier tipo es asegurarse de que su perro está recibiendo todo lo que necesita en términos de apoyo emocional y seguridad. El ejercicio y el enriquecimiento ayudarán a reducir los ladridos en todos los perros, especialmente en los aburridos, solitarios o ansiosos. Encontrar una actividad o hacer algo que su perro realmente disfrute y enriquecer su vida tanto dentro como fuera de casa es la clave para tener un perro más confiado y tranquilo. Pruebe a esconder sus juguetes o su comida por la casa y anímela a buscarlos; aliméntela con juguetes de actividad a la hora de comer en lugar de en un cuenco, para que tenga que esforzarse por encontrar y comer su comida. Todas estas son buenas maneras de darle el enriquecimiento que necesita. Otras formas de controlar a un perro solitario son inscribirlo en un servicio de guardería o hacer que alguien juegue con él durante el día; esto reducirá al mínimo su necesidad de ladrar y de buscar el apego. Y no hay absolutamente ninguna razón que justifique dejar a su perro solo en el patio trasero todo el día: ¡no es bueno para su perro ni para sus vecinos!

GRUÑIDOS

Puede resultar aterrador que un perro te gruña o te enseñe los dientes, pero yo prefiero que un perro me avise gruñendo de que me aleje en lugar de ir directamente a morderme. Si tu perro te gruñe, es probable que esté intentando advertirte de que algo que estás haciendo le pone nervioso o incómodo, así que presta atención. Es normal querer castigar a un perro que gruñe, pero las consecuencias son mucho peores. Si se castiga continuamente a un perro por gruñir, pronto aprenderá a suprimir el lenguaje de advertencia y pasará directamente a un lenguaje más ofensivo, como morder. Estos perros son mucho más peligrosos.

GRUÑIDO: aviso de nerviosismo o malestar; «retrocede»

Algunos perros también gruñen durante el juego o cuando están demasiado excitados. Estos perros vocalmente expresivos ensayan el lenguaje del gruñido sin la intención habitual que hay detrás, pero si el gruñido se vuelve demasiado feroz (por ejemplo, el cuerpo se vuelve más tenso y el tono del gruñido se vuelve más bajo y continuo, con breves inspiraciones que aumentan gradualmente el tono del gruñido), las intenciones de los perros han cambiado y hay que darles un respiro.

QUEJARSE: necesidad de un recurso o de atención

GIMOTEO

Los cachorros lloriquean desde una edad temprana para expresar su necesidad de un recurso o de atención. Aunque el sonido puede resultar irritante para los humanos, es una señal de comunicación vital y no debe ignorarse. Los perros pueden gemir cuando tienen hambre, sed o están aburridos, necesitan salir al exterior o sienten dolor, estrés o soledad. Los lloriqueos son una vocalización normal y su intensidad suele desaparecer a medida que el cachorro crece y adquiere más confianza.

AULLIDOS: señal social

AULLIDOS

Aunque los perros domésticos ladran mucho más que los lobos o sus antepasados salvajes, aúllan mucho menos simplemente porque es menos necesario. El aullido suele ser una señal social para reunir a otros o establecer límites territoriales; aunque algunos perros pueden aullar para establecer contacto social cuando están solos, la mayoría de los perros solitarios suelen ladrar. Algunos perros aúllan mientras una persona canta o mientras se toca un instrumento musical.

Puede ser que el tono y la altura de la música fomenten este comportamiento o que el perro simplemente esté «cantando» junto con su grupo social. Si un perro de un hogar con varios perros aúlla, los demás miembros del grupo social suelen unirse a él.

CAPÍTULO 10

EL LENGUAJE DEL DOLOR

Está bien documentado que los perros son seres sensibles que experimentan emociones y dolor físico, y hay muchas similitudes entre la forma en que los humanos y los perros experimentan el dolor físico. Estos comportamientos incluyen el retraimiento a la hora de socializar, una mayor frecuencia cardíaca y, en algunos casos, un aumento de las vocalizaciones. El dolor se procesa en partes similares del cerebro tanto en humanos como en perros.

Otro componente intrigante del dolor en los animales es que los animales de presa y los depredadores suelen responder al dolor de forma diferente. Como mecanismo de supervivencia , los animales de presa suelen mostrar mínimos signos de dolor. Los animales depredadores, como los humanos y los perros, son más propensos a mostrar signos externos de dolor. Por ello, los expertos en comportamiento suelen recomendar una revisión veterinaria al primer signo de comportamiento agresivo en los perros. A menudo el dolor se manifiesta como una agresión aparentemente no provocada, que puede deteriorarse con el tiempo si no se trata el problema médico.

La Escala de Dolor Compuesta de Glasgow es una herramienta utilizada para evaluar el dolor en los animales domésticos. Los veterinarios tienen en cuenta varios factores para ayudarles a determinar el nivel de dolor que experimenta un animal. Las seis categorías utilizadas para determinar el nivel de dolor incluyen la vocalización, la atención a una herida, la movilidad, la respuesta al tacto, el comportamiento y la postura/actividad. [1]

El dolor agudo aparece rápidamente como consecuencia de una infección, una lesión o una intervención quirúrgica, mientras que el dolor crónico suele desarrollarse lentamente y ser de larga duración. La artritis es una fuente común de dolor crónico, sobre todo en perros de edad avanzada. Puede pasar desapercibida durante años, ya que el perro aprende a utilizar estrategias de afrontamiento que enmascaran los signos, lo que hace muy difícil encontrar el origen del dolor. En general, si nota un cambio en el comportamiento de su perro o si este empieza a moverse de forma diferente (lo que se conoce «protección contra el dolor», que elimina la presión de una parte del cuerpo que le duele), podría ser una señal de que está sufriendo.

El dolor se manifiesta de diferentes maneras, pero los siguientes son algunos signos comunes. Si nota alguno de ellos, lleve a su perro al veterinario inmediatamente.

- RETICENCIA A SER MANIPULADO O ASEADO. Cuando los perros muestran su incomodidad al ser tocados o aseados, gruñendo, chasqueando o mordiendo, a menudo se les amonesta por su comportamiento «dominante» o «malo», pero lo cierto es que recoger, manipular o asear puede ser muy incómodo para algunos perros , y la única manera de que el perro se detenga es utilizando comportamientos de advertencia. Si un perro experimenta dolor en sus músculos, o dolor miofascial que produce sensibilidad cutánea o hiperalgesia, puede reaccionar negativamente al ser manipulado. Dé siempre a su perro el beneficio de la duda, y para descartar problemas de comportamiento, llévelo a un chequeo médico completo o a un masajista canino que podrá diagnosticar y tratar estos problemas.

- DIFICULTAD PARA LEVANTARSE DESDE UNA POSICIÓN DE REPOSO. Los perros de edad avanzada suelen tardar más en levantarse de una posición de reposo o sentada, lo que es un signo inequívoco de que les duelen las articulaciones, posiblemente debido a afecciones como la artritis. Los perros que cambian su posición sentada o favorecen una cadera sobre la otra podrían estar haciéndolo porque estas posiciones son simplemente más cómodas, o alivian las molestias.

- CAMBIO DE POSTURA CORPORAL. Los perros que tienen dolor sostendrán la cola de forma diferente, o su cuerpo estará rígido y menos

ESPALDA ARQUEADA: intento de relajar los músculos del vientre para el dolor de estómago

MARCHA HACIA UN LADO: molestias al caminar

fluido. Un perro con dolor de estómago, por ejemplo, puede arquear la espalda en un intento de relajar los músculos del vientre.

- CAMBIO DE LA MARCHA NORMAL. El cambio más visible en la forma de andar es la cojera, el favorecimiento de una pata concreta o la rigidez, pero si nota que su perro se inclina hacia un lado o salta sobre una pata trasera, podría ser un signo de malestar.

- CAMBIOS EN EL PELAJE. Los cambios en el pelaje de su perro pueden indicar un problema muscular debido a la disminución de la circulación causada por un punto de activación o una tensión que impide el flujo de sangre al eje del pelo.

- LAMIDO EXCESIVO. La mayoría de los perros se lamen con regularidad para asearse y limpiarse, pero si nota un aumento del lamido, podría ser una respuesta al dolor en la zona que se lame o al dolor referido, es decir, el dolor que surge de alguna otra parte del cuerpo de difícil acceso y que se alivia al lamer una zona asociada.

- CAMBIOS EN EL COMPORTAMIENTO. Si nota un cambio repentino en el comportamiento de su perro que es anormal para él, como evitar que lo manipulen, retraimiento, depresión, irritabilidad, menor tolerancia a las actividades sociales, mayor inquietud o nerviosismo, ansiedad o desarrollo de fobias, su perro podría estar experimentando algún malestar físico que se manifiesta en un comportamiento inusual.[2]

Si su perro se muestra repentinamente reacio a hacer cosas que normalmente le gustan, como salir a pasear o jugar al tira y afloja, podría ser una señal de que está tratando de controlar el dolor. Rehuir de los suelos resbaladizos, evitar subir las escaleras o subirse a un coche, sentarse durante un paseo y negarse a moverse (lo que a menudo la gente interpreta como que el perro es «testarudo») son señales de alarma que no deben ignorarse.

GESTIÓN DEL DOLOR

Investigadores de la Facultad de Veterinaria de la Universidad de Wisconsin estudiaron los efectos de controlar o gestionar el dolor provocado por lesiones, enfermedades y procedimientos quirúrgicos en perros. Llegaron a la conclusión de que los «beneficios incluyen la mejora de las funciones respiratorias, la disminución de las respuestas de estrés en torno a la cirugía, la disminución de la duración de la hospitalización, la recuperación más rápida de la movilidad normal, la mejora de las tasas de curación e incluso la disminución de la probabilidad de infección después de la cirugía». Casi todos los estudios demuestran que «las personas y los animales vuelven antes a sus hábitos normales de comer y beber cuando se les alivia el dolor».[3]

Otros estudios realizados en diversas especies han demostrado sistemáticamente que los animales que han sido operados pero que no han recibido un tratamiento adecuado del dolor muestran comportamientos que indican que tienen dolor, y esos comportamientos disminuyen después de que se les haya administrado la medicación adecuada para el dolor. Resulta fascinante que un estudio de la Universidad de Bristol demostrara que cuando a las aves que mostraban signos clínicos de dolor, como la cojera, se les daba a elegir entre comer alimentos que contenían analgésicos o comer alimentos que no habían sido tratados, las aves elegían voluntariamente comer los alimentos que contenían analgésicos.[4]

El tratamiento del dolor en los perros depende de la causa, la gravedad y si el dolor es agudo o crónico. Los esteroides pueden ayudar a reducir la inflamación y aliviar el dolor , aunque a menudo los AINE (antiinflamatorios no esteroideos) son una mejor alternativa para el dolor ortopédico, ya que tienen menos efectos secundarios. Siempre debe consultar con su veterinario antes de dar a su perro cualquier tipo de medicamento, sobre todo porque muchos medicamentos para humanos (incluidos los antiinflamatorios) pueden ser muy tóxicos para los perros.

También existe un mundo de opciones veterinarias holísticas que complementan la medicina veterinaria tradicional. Los masajes, la aromaterapia y la acupuntura han dado resultados positivos, pero asegúrese de que el profesional que utilice esté dispuesto a colaborar con su veterinario para garantizar el mejor cuidado general de su perro.

CAPÍTULO 11

EL LENGUAJE DEL ENVEJECIMIENTO

Al igual que los humanos, los perros mayores experimentan una ralentización de sus procesos cognitivos a medida que envejecen, lo que afecta a muchos aspectos de su vida. Además de la ralentización física, los perros mayores pueden experimentar cambios de comportamiento que parecen inusuales o fuera de lo normal, lo que podría ser un signo de deterioro cognitivo. Estos cambios incluyen:

- Menos deseo de interactuar y disfrutar de las actividades
- Períodos de sueño anormalmente largos, sobre todo a lo largo del día
- Accidentes al ir al baño en casa
- Depresión y comportamiento de evitación
- Aparición repentina de problemas de ansiedad por separación y agresividad
- Confusión en un entorno familiar
- Falta de respuesta a señales verbales y físicas previamente conocidas
- Irritabilidad y menor tolerancia al contacto humano
- Incapacidad para reconocer a las personas conocidas
- Mayor dependencia de los miembros de la familia

El deterioro cognitivo canino suele empezar a manifestarse entre los siete y los diez años de edad. Aunque la mayoría de los padres de mascotas reconocen los signos físicos del envejecimiento, los signos de deterioro mental pueden ser más difíciles de detectar o pueden ser malinterpretados. Si su perro ya no quiere subir las escaleras, podría deberse a limitaciones físicas, como el dolor de caderas, pero también podría ser porque ha olvidado cómo hacerlo. Los rituales cotidianos se vuelven más difíciles, ya que puede no recordar dónde se guarda la correa antes de un paseo o puede tener problemas para encontrar el cuenco de la comida.

La disfunción cognitiva canina es una enfermedad de los perros *senior* que se manifiesta de forma similar al Alzheimer en los humanos. De hecho, el mismo desarrollo de placas beta-amiloides en el cerebro que causan confusión y pérdida de memoria en las mascotas se observa también en los pacientes de Alzeimer. Se cree que puede haber un componente genético, pero la mayoría de los casos se presentan en perros *senior* con síntomas que aumentan gradualmente con el tiempo. Un estudio australiano de 2011 reveló que alrededor del 14% de los perros desarrollan una disfunción cognitiva canina, pero solo alrededor del 2% son realmente diagnosticados con la condición. También descubrieron que el riesgo aumenta a medida que el perro envejece, con más del 40% de los perros de más de quince años mostrando al menos uno de los síntomas.[1]

FOMENTAR LA SALUD COGNITIVA

Hay cosas que puede hacer a lo largo de la vida de su perro para ayudarle a mantener su salud cognitiva incluso en la vejez. El ejercicio no solo beneficia al perro físicamente, sino que lo introduce en un entorno diferente que desafía y estimula sus sentidos. Entre otros beneficios, el ejercicio aumenta la producción de serotonina y dopamina, neurotransmisores del cerebro responsables de regular las emociones, promover la sensación de placer y favorecer una buena coordinación motriz. El ejercicio favorece la sensación de calma y reduce el estrés tanto en las personas como en los perros. Asegúrese de que el nivel de ejercicio es adecuado para la edad, el nivel de resistencia y el tipo de raza de su perro. Al igual que en los seres humanos, la rutina de ejercicios del perro debe moderarse a medida que envejece. Los órganos de su perro, incluidos el corazón y los pulmones, perderán algunas funciones con el tiempo. Es probable que ya no puedan seguir el ritmo de los largos paseos o las carreras. En su lugar, busque una actividad más pausada que usted y su perro puedan disfrutar juntos, como paseos cortos o juegos de entrenamiento.

Como he mencionado anteriormente en el libro, el trabajo con olores es cada vez más popular en todo el mundo. Esta actividad proporciona una gran estimulación física y mental al perro, por lo que es una forma estupenda de quemar el exceso de energía y de proporcionarle ejercicio cognitivo. Dado que las búsquedas pueden realizarse prácticamente en cualquier lugar, el adiestramiento y el aprendizaje pueden llevarse a cabo como parte de un equipo deportivo canino o como un ejercicio casual en casa. Potenciar las habilidades olfativas de su perro supone un gran entrenamiento para el cerebro y es una actividad de bajo impacto perfecta para los perros mayores.

Los deportes en general son una forma maravillosa de establecer un vínculo con su perro y de proporcionarle ejercicio y estimulación mental. Por ejemplo, participar en un deporte como el agility fomenta el trabajo en equipo y la creación de vínculos. Los perros de cualquier edad pueden participar con éxito en la mayoría de los deportes (de nuevo, teniendo en cuenta la edad, la raza y el nivel de resistencia).

Puede aprovechar la hora de la comida para poner a prueba las habilidades de caza de su perro. En lugar de alimentar a su perro con un cuenco de comida, aliméntelo con un juguete. Ponga la comida en un juguete o en una pelota de golosinas y escóndala por la casa o el jardín para que tenga que encontrar su comida. De este modo, su perro utilizará sus habilidades de búsqueda, lo que fomenta una función cerebral saludable.

En el mercado hay muchos rompecabezas fantásticos diseñados específicamente para perros. Los niveles de dificultad varían, y también se puede esconder comida dentro de ellos. Los rompecabezas mejoran la capacidad natural de resolución de problemas del perro y son excelentes para mantener la salud cognitiva.

Una buena nutrición es vital para la salud cognitiva en la vejez. El uso de triglicéridos de cadena media (MCT) ayuda a mejorar la función cerebral de los perros mayores.[2] Los MCT son un tipo de grasa que se encuentra sobre todo en el aceite de palma y el aceite de coco. A medida que las mascotas envejecen, la glucosa, la principal fuente de energía del cerebro, es menos absorbida por las células cerebrales, pero los MCT proporcionan una fuente alternativa de energía para el cerebro que puede ayudar a mantener a su perro mentalmente agudo a medida que envejece. La simple adición de aceites a la comida de su perro puede ayudar, pero es posible que esté más dispuesto a comer un alimento con MCT ya añadidos. La adición de aceite de pescado, vitaminas del grupo B, antioxidantes y aminoácidos como la arginina también puede ralentizar el deterioro del cerebro a medida que el perro envejece. Cuando elija el alimento para su perro senior, evite los subproductos, los aromas artificiales, los colorantes artificiales, los aditivos y los productos químicos. También es posible que necesite un alimento más bajo en calorías para ayudar a contrarrestar el envejecimiento del metabolismo.

Los perros viejos *pueden* aprender nuevos trucos y, aunque el aprendizaje puede ser más lento para una mascota mayor, la edad no debe ser una excusa para recortar el compromiso físico y mental vital. Con una estimulación física y mental adecuada, así como con una dieta rica en ingredientes que combaten la edad, puede ayudar a retrasar los efectos cognitivos del envejecimiento y mantener a su perro mentalmente agudo hasta bien entrada la tercera edad.

CAPÍTULO 12

EXPLICACIÓN DE COMPORTAMIENTOS EXTRAÑOS

Si alguna vez le ha desconcertado el comportamiento de su perro, no es el único. Los perros tienen todo tipo de comportamientos extraños, desde dar vueltas hasta actuar como si pudieran ver u oír cosas que nosotros no podemos. Los investigadores están aprendiendo cada vez más sobre algunos de estos extraños comportamientos y cómo pueden explicarse.

TRASTORNOS COMPULSIVOS

Girar, perseguir la luz, lamerse... ¿qué hace que un perro tenga estos extraños comportamientos compulsivos? Al igual que algunos humanos padecen trastornos obsesivo-compulsivos, los perros también pueden sufrir un trastorno compulsivo canino (TCC). Este trastorno suele comenzar como una forma de liberar el estrés o la frustración, y puede convertirse rápidamente en una compulsión.

GIRO COMPULSIVO: autocalmante

Algunas formas comunes de CCD incluyen girar o perseguir la cola, lamer excesivamente, chasquear el aire, perseguir la sombra o la luz y lamerse.

Aunque el CCD puede comenzar como respuesta al estrés o la ansiedad, las investigaciones han demostrado que también existe un componente genético, por lo que ciertas razas son propensas a los comportamientos compulsivos. Los dóberman pinschers suelen lamer, un comportamiento compulsivo en el que el perro chupa objetos o su propia piel, mientras que los bull terriers suelen girar compulsivamente. Curiosamente, en un estudio publicado en el *Journal of the American Veterinary Medical Association*, la mayoría de los perros afectados por la CCD eran de raza pura.[1]

Los perros suelen empezar a adoptar comportamientos compulsivos porque viven en un entorno carente de estímulos físicos y mentales y no se satisfacen las necesidades específicas de su raza o de su comportamiento. Estos comportamientos comienzan como conductas de desplazamiento, que son autocalmantes y pueden conseguir reducir los niveles de estrés del perro en ese momento, pero con el tiempo los comportamientos acaban causando más estrés al perro. Un estudio de 2012 publicado en *PLOS ONE* descubrió que los principales desencadenantes de los episodios compulsivos eran el aburrimiento o la falta de actividades (29%) y los acontecimientos estresantes (15%). [2]

Dado que estos comportamientos están tan arraigados tanto genética como conductualmente, a menudo se necesita medicación para detener el ciclo de comportamiento. Se ha comprobado que los fármacos que bloquean la captación de serotonina son clínicamente eficaces para tratar ciertos trastornos compulsivos caninos. [3]

CONSEJO

Si tiene un perro con comportamientos compulsivos, intente aumentar su estimulación mental y física (con cuidado, demasiada actividad puede hacer que empeoren) y limite el tiempo que lo tiene encerrado. Hable con su veterinario sobre las opciones de medicamentos para los casos más graves.

REVOLCARSE EN COSAS MALOLIENTES

¿Alguna vez ha sorprendido a su perro revolcándose en la hierba y se ha dado cuenta rápidamente de que se ha revolcado en algo que huele fatal? Gracias a la investigación, existen algunas explicaciones científicas que pueden ofrecer una idea de por qué su perro tiene este comportamiento desagradable.

Algunos investigadores sugieren que revolcarse en un cadáver en descomposición o en la caca de un animal es la forma que tiene el perro de marcar su territorio depositando su olor sobre el de otro animal. Otra explicación probable es que este comportamiento es un remanente de la ascendencia salvaje del perro, un comportamiento que perdura desde que los cánidos tenían que cazar para sobrevivir. Al disfrazar su olor con el de otro animal, en particular un animal de presa como un antílope, estarían mejor preparados para acercarse sigilosamente a su presa sin desprender un olor sospechosamente «depredador». [4]

RODAR EN COSAS MALOLIENTES: marcar o disfrazar el olor

También creo que los perros se revuelcan en cosas malolientes porque les gusta el fuerte olor y la acción de revolcarse les hace sentir bien, ¡aunque les dé asco a sus padres humanos!

CONSEJO

El adiestramiento es única forma de prevenir que su mascota ruede sobre cosas malolientes. Si permite que esté sin correa en un área con nuevas vistas y olores, deseará condicionarlo a una señal de llamada de emergencia que lo hará volver hacia usted antes de que encuentre un lugar donde ponerse a rodar.

PERROS QUE SUEÑAN

¿Sueñan los perros (y otros animales)? Es una pregunta que ha fascinado durante mucho tiempo tanto a los científicos como a los padres de mascotas. Un estudio realizado en 2001 por investigadores del MIT sobre ratas sugirió que los animales no solo sueñan, sino que sueñan con acontecimientos pasados del mismo modo que los humanos. Los investigadores pudieron grabar los impulsos eléctricos del hipocampo de las ratas, la parte del cerebro que controla la memoria, mientras las ratas estaban despiertas y comparar esos impulsos con otros casi idénticos que se producían mientras estaban dormidas.[5] Como los impulsos eléctricos eran tan claros y coherentes, los investigadores pudieron determinar la parte exacta del laberinto con la que soñaban las ratas. Teniendo en cuenta que los perros tienen un cerebro mucho más complejo que el de las ratas, y que sus cerebros se asemejan más a los de los humanos, es razonable suponer que los perros también sueñan.

El Dr. Stanley Coren, de la Universidad de Columbia Británica, sugiere que se puede ver físicamente cuando un perro está soñando, ya que los ojos del perro se mueven tras sus párpados cerrados. Estos movimientos oculares son típicos durante el sueño REM, el periodo de sueño de los humanos, ya que los ojos ven las imágenes del mismo modo que ven el mundo real durante la vigilia.[6]

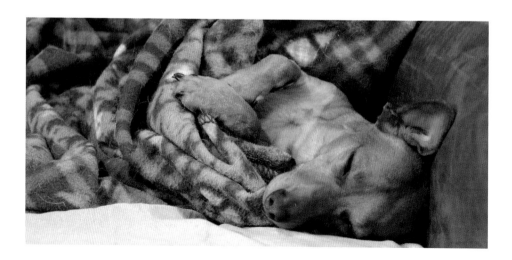

¿TIENEN LOS PERROS PERCEPCIÓN EXTRASENSORIAL?

Si los animales tienen o no algún tipo de percepción extrasensorial es un tema que tiene fuertes defensores en ambos lados. Muchas personas pueden dar testimonio de pruebas anecdóticas de que los animales «ven fantasmas», predicen catástrofes naturales o fenómenos a menor escala, como la predicción de cuándo volverá a casa su guardián.

La investigación científica sobre el tema es muy limitada, y gran parte de ella se considera pseudociencia.

El concepto de que los animales pueden predecir catástrofes naturales, como los terremotos, es un tema especialmente fascinante. Un estudio del año 2000 trató de averiguar qué sensibilidades hacen que los animales predigan estos acontecimientos, y sugirió que había cuatro posibles explicaciones: la inclinación del suelo, los cambios de humedad, las corrientes eléctricas y las variaciones del campo magnético.[7] Todas estas posibilidades indican que los animales, incluidos los perros, son capaces de detectar cambios minúsculos en el entorno que pasarían totalmente desapercibidos para los humanos.

Aunque no hay una respuesta clara sobre las posibles capacidades psíquicas de los animales (¡o de los humanos!), la ciencia ha confirmado que los animales tienen capacidades sensoriales que superan con creces las nuestras.

COPROFAGIA

Puede que no haya un comportamiento que los humanos consideren más repugnante en los perros que la coprofagia, es decir, que un perro se coma sus propias heces o las de otro animal. ¿Por qué algunos perros disfrutan con este comportamiento aparentemente extraño y potencialmente dañino?

Hay algunas teorías, y la respuesta puede variar de un perro a otro. En el caso de algunos perros, la causa podría ser médica; otros podrían hacerlo simplemente porque les gusta el sabor.

Algunos perros aprenden a comer heces cuando son cachorros, ya que las madres lactantes se comen instintivamente las heces de sus cachorros, por dos razones. Esta práctica no solo ayuda a mantener el entorno limpio, sino que también puede tener su origen en un antiguo instinto de supervivencia para ocultar el olor de los cachorros a posibles depredadores. Si los cachorros domésticos se crían en un entorno abarrotado y sucio, como una fábrica de cachorros o un refugio de animales mal desinfectado, pueden tener un amplio acceso a sus propias heces o a las de otros animales y adquirirán el hábito por curiosidad, aburrimiento o hambre.

Ciertas condiciones médicas también pueden causar coprofagia. La deficiencia pancreática crónica, el síndrome de malabsorción y la inanición son algunas de las condiciones que exacerban la necesidad de comer caca. Los investigadores creen que estas condiciones de malabsorción hacen que se

CONSEJO

A pesar de lo frustrante que puede ser la coprofagia, castigar a tu perro no evitará que coma caca y solo hará que te tema. La clave para detener la coprofagia es ser diligente en mantener a su perro alejado de todas y cada una de las heces. Esto significa recoger la caca inmediatamente después de que tu perro la haga y posiblemente mantenerlo con una correa para evitar que se comporte mientras tú estás de paseo.

liberen grandes cantidades de alimentos no digeridos en las heces, lo que no solo las convierte en una fuente nutricional para el perro, sino que también ayuda a saciar su mayor apetito.[8]

A veces, la dieta del perro es la culpable. Los alimentos comerciales para perros de baja calidad suelen tener un alto contenido en carbohidratos y un bajo contenido en proteínas y nutrientes clave, lo que puede hacer que el perro se sienta hambriento o insatisfecho, por lo que busca una «comida preparada» fácil.

CAPÍTULO 13

CÓMO HABLAR PERRO

Es realmente increíble que dos especies depredadoras muy diferentes hayan conseguido coexistir con éxito durante miles de años. En este libro me he centrado más en el lenguaje canino y en cómo los perros se han adaptado a la vida doméstica de los humanos, pero éstos también han tenido que hacer ciertos ajustes al convivir con los perros. Eléxito depende de lacapacidad de ambas especies para cooperar, comunicarse y entenderse , lo cual no es fácil cuando no hablan el mismo idioma.

Hablar con el perro consiste en facilitarle la comprensión a usted y tomarse el tiempo necesario para entenderlo a él. Comienza creando un vínculo a través del juego, divirtiéndose y asegurándose de que usted y su perro tienen buenas experiencias juntos, utilizando tanto el lenguaje vocal como el físico para salvar la brecha del lenguaje humano/canino.

Los perros, al igual que los humanos, procesan el lenguaje en el hemisferio izquierdo del cerebro y el contenido emocional en el derecho, lo que sugiere que hay cierta similitud en la forma en que los perros y los humanos procesan el lenguaje. Aunque algunas personas podrían argumentar que los perros solo responden al tono de voz y a las señales no verbales en lugar de a las palabras, los estudios han demostrado que los perros giran la cabeza hacia la derecha cuando escuchan palabras sin emociones, lo que sugiere que el hemisferio izquierdo está procesando el lenguaje, y giran la cabeza hacia la izquierda cuando escuchan palabras emocionales, lo que sugiere que el hemisferio derecho está procesando ese contenido.

GIRO DE LA CABEZA A LA IZQUIERDA: procesamiento del contenido emocional (hemisferio derecho)

GIRO DE LA CABEZA A LA DERECHA: procesamiento del habla (hemisferio izquierdo)

Hay algunos perros como Chaser, el border collie, que es famoso por saber más de mil palabras, entender verbos, adverbios y preposiciones.[1] También ha aprendido que los sustantivos comunes pueden identificar objetos diferentes; por ejemplo, una pelota es redonda y un frisbee es plano como un anillo. Es capaz de hacer inferencias, ya que puede coger un juguete nuevo con una palabra que nunca ha oído antes y escoger ese juguete de entre un montón de juguetes conocidos. También es destacable que Chaser pueda entender frases y elegir una pista dentro de una frase. Este increíble perro está redefiniendo la inteligencia canina y llevándola a un nivel completamente nuevo.

¿Qué significa esto para usted y su perro? Si su perro tiene dificultades para entenderle, intente cambiar la forma en que le enseña. Aunque la mayoría de los perros son buenos para seguir los gestos comunicativos de los humanos, por ejemplo, es posible que su perro no entienda lo que significa un punto. Sin embargo, si dice el nombre de su perro, lo mira y luego mira hacia donde está señalando, es más probable que comprenda lo que quiere que haga.

Su personalidad tiene un gran impacto en el comportamiento de su perro. Como los perros se han adaptado a leer las señales humanas, son extremadamente sensibles a nuestros estados de atención y emocionales. Cuanto más extrovertido sea usted, más atento estará su perro; por el contrario, si tiene una personalidad más introvertida que inhibe sus capacidades comunicativas, su perro podría tener dificultades para entenderle.

Algunos estudios sugieren que las personas menos seguras de sí mismas tienen perros con más problemas de comportamiento.[2] Las personas tímidas, ansiosas, tensas, neuróticas o agresivas también pueden inducir nerviosismo, ansiedad y agresividad en sus perros.[3] Según mi experiencia, los propietarios nerviosos, preocupados o distraídos suelen tener perros menos receptivos, mientras que los adiestradores concienzudos y atentos suelen tener perros más fáciles de enseñar. Cuantos más elogios y menos correcciones dé una persona a su perro, más receptivo será este. Las personas felices y seguras de sí mismas suelen tener perros felices y seguros.

La mayoría de los perros se sienten cómodos con las rutinas. Si su vida es desorganizada y sus horarios son erráticos, su perro podría tener más problemas de comportamiento al tener que enfrentarse a su imprevisibilidad. Cuanto más tranquilo y organizado sea usted, más estable emocionalmente, centrado y confiado estará su perro. (Este beneficio también podría recaer en usted).

Aunque los perros responden bien a las señales vocales, utilizar el lenguaje corporal para comunicarse es muy eficaz. Las señales activas con las manos y el cuerpo son señales que pueden combinarse con acciones y comportamientos; cuando su perro hace algo que no le gusta, un comportamiento pasivo, como simplemente darle la espalda e ignorar el comportamiento no deseado, puede ser más eficaz que gritarle y chillarle.

Tenga cuidado con imponer sus propios valores a su perro, porque lo que usted percibe puede ser muy diferente de lo que ella percibe. Por ejemplo, puede que regañe a su perro por ladrar y abalanzarse sobre otros perros, creyendo que es dominante o que se comporta mal, cuando en realidad está reaccionando por miedo. Puede pensar que tira de la correa porque quiere ser el líder de la manada, cuando en realidad tira porque tiene cuatro patas y usted dos y su ritmo natural de andar es mucho más rápido que el suyo. Puede que te resulte difícil aceptar que acaba de gruñir a otro perro o que te ha tirado de los pies, pero reprenderla no contribuye a mejorar la situación, porque no le has dado una solución alternativa.

Sea claro con los gestos y las señales vocales que utiliza. Habla a tu perro todo lo que quieras, porque aunque no entienda lo que dices, seguro que reconoce el tono y la intensidad de tu voz. Sin embargo, cuando le pida que responda a una señal vocal, utilice señales de una o dos palabras que vayan acompañadas de una acción, lo que le facilitará la comprensión de lo que necesita que haga.

Algunos gestos que significan una cosa para usted pueden ser interpretados de forma muy diferente por un perro, especialmente si usted es un extraño para él. Abrazar, agacharse para saludar, acariciar al perro en la parte superior de la cabeza, mantener el contacto visual y besar pueden parecer amenazantes si el perro no disfruta del contacto social cercano. En el mundo canino, los perros se rodean con sus patas delanteras (se abrazan) solo si van a pelear, montar o aparearse.

Ser acariciado en la parte superior de la cabeza por una gran mano que se extiende hacia ellos desde un cuerpo grande inclinado sobre ellos puede hacer que muchos perros se sientan muy incómodos, en particular durante

ABRAZO: amenazante si el perro no disfruta del contacto social cercano

un escenario de saludo. En su lugar, salude a un nuevo perro permitiendo que entre en su espacio y huela el dorso de su mano; proceda a acariciarlo solo si el perro le invita a hacerlo. Esto le ayudará a relajarse y a empezar a aceptarle.

Por desgracia, somos muy buenos para fomentar y reforzar el comportamiento no deseadode nuestros perros sin darnos cuenta de que lo estamos haciendo. Dar de comer en la mesa anima a los perros a pedir limosna; jugar con ellos les anima a usar la boca durante el juego, algo que

ACARICIAR LA PARTE SUPERIOR DE LA CABEZA: puede ser incómodo

puede parecerte aceptable pero que de repente se convierte en un problema cuando un niño viene a saludar. Sea consciente de lo que puede estar enseñando inadvertidamente a su perro, y haga los ajustes necesarios para no reforzar un comportamiento que más tarde perderá un tiempo valioso tratando de cambiar.

Los seres humanos son notoriamente inconsistentes, especialmente cuando se trata de crear límites. Por ejemplo, si deja que su perro se suba al sofá, asegúrese de que el resto de la gente de su casa está de acuerdo con esa disposición. Si invita a su perro a saltar sobre usted, espere que salte sobre otras personas. Los perros pueden ponerse nerviosos y confundirse cuando un miembro de la casa les permite hacer algo que hace que otro les reprenda, así que la coherencia es muy importante.

Imitar parte del lenguaje corporal de su perro está bien en algunos escenarios, sobre todo si está jugando con él. Un lazo de juego es una forma estupenda de animar a su perro a empezar a jugar, pero reconozca que algunos de los consejos más anticuados, especialmente cuando se trata de reprender a su perro, son erróneos. Por ejemplo, no ponga la mano sobre el hocico de su perro para castigarlo porque le han dicho que una madre hace eso con sus cachorros cuando los reprende. Una madre utiliza su boca sobre el hocico o la nuca para mantener a sus cachorros a raya, pero su mano no imita una boca canina real, y su perro es lo suficientemente inteligente como para saber la diferencia. No junte los dedos y golpee a su perro en el costado mientras sisea como una serpiente; las manos que utiliza en caso de enfado son las mismas que utiliza para invitar al contacto social, y todos los perros necesitan ver una mano que se acerca como algo bueno y no como algo que les va a hacer sentir mal. Cuando las manos se asocian con el castigo, la gente es mordida, incluso cuando intentan expresar afecto.

Al final, la gente puede discrepar sobre qué método de adiestramiento es más eficaz y qué tratamiento es moral y éticamente correcto, pero si los perros pudieran hablar nuestro idioma, sé que nos pondrían las cosas claras. No puedo imaginarme a ningún perro que diga que le gusta llevar un collar de púas o que disfruta recibiendo descargas con un collar electrónico, ya sea una mascota familiar o un K-9 de trabajo. Estoy seguro de que dirían a la gente que deje de devaluar su inteligencia, de abusar de su confianza y de hacerles daño en nombre del adiestramiento. Nos dirían que tienen la capacidad de pensar, de amar y de sentir emociones muy parecidas a las nuestras, y que les encanta el confort y la seguridad que les proporcionamos. Dirían que los humanos son realmente el mejor amigo de

un perro cuando los humanos entienden el lenguaje canino y los protegen del daño. Siempre que seas claro, coherente y amable, "hablar perro" te resultará fácil, y tu perro te querrá por ello.

REFLEXIONES FINALES

Espero que este libro le haya enseñado cosas nuevas y útiles sobre lo que significa el lenguaje físico y vocal de su perro y cómo puede convertirse en un amigo aún mejor para él. Aunque el libro se limita a lo que puedo incluir en las páginas asignadas, debería dejarte un mejor conocimiento y comprensión de la experiencia de tu perro y proporcionarte una buena base para llevar una vida feliz juntos. Nunca deje de observar el comportamiento de su perro y de apreciar su rico lenguaje social. La relación que tiene con ella es muy especial y solo puede enriquecerse con un mayor conocimiento y comprensión.

BIBLIOGRAFÍA

INTRODUCCIÓN

1. Mike LaBossiere, «Descartes and My Dog», *Talking Philosophy: The Philosophers' Magazine Blog*, 11 de junio de 2009, http://blog.talkingphilosophy.com/?p=1172.

2. Bonne Beerda *et al.*, «Behavioural, Saliva Cortisol and Heart Rate Responses to Different Types of Stimuli in Dogs», *Applied Animal Behaviour Science* 58, no. 3-4 (julio de 1998): 365-381.

3. Meghan Herron *et al.*, «Survey of the Use and Outcome of Confrontational and Non-confrontational Methods in Client-Owned Dogs Showing Undesired Behaviors», *Applied Animal Behaviour* Science 117, no. 1-2 (February 2009): 47-54.

CAPÍTULO 1: EL PERRO CARIÑOSO

1. Ádám Miklósi y József Topál, «What Does It Take to Become 'Best Friends'? Evolutionary Changes in Canine Social Competence», *Trends in Cognitive Sciences* 17, n° 6 (junio de 2013): 287-294.

2. Kerstin Uvnas-Moberg, «Role of Oxytocin in Human-Animal Interaction», *People and Animals-for Life. 12th International Association of Human-Animal Interaction Organizations (IAHAIO) Conference, Abstract Book* (Estocolmo, Suecia: 2010), 7, http://iahaio.org/files/conference2010stockholm.pdf.

3. Anna Hernádia *et al.*, «Intranasally Administered Oxytocin Affects How Dogs *(Canis familiaris)* React to the Threatening Approach of Their Owner and an Unfamiliar Experimenter», *Behavioural Processes* 119 (octubre 2015): 1-5, doi:10.1016/j. beproc.2015.07.001.

4. Yomayra F. Guzmán *et al.*, «Fear-Enhancing Effects of Septal Oxytocin Receptors», *Nature Neuroscience* 16, no. 9 (septiembre de 2013): 1185–1187, doi:10.1038/nn.3465.

5. Departamento de Etología, Universidad Loránd Eötvös, «Attachment Behavior in Dogs», *Journal of Comparative Psychology* 112, no. 3 (octubre de 1998): 219-229.

CAPÍTULO 2: EL PERRO PENSANTE

1. Brian Hare y Vanessa Woods, *El genio de los perros* (Nueva York: Plume, 2013).

2. *Ibid.*

3. Stanley Coren, *How Dogs* Think (Nueva York: Free Press, 2004).

4. Claudia Fugazza, *Do As I Do* (Wenatchee, WA: Dogwise Publishing, 2014).

5. Temple Grandin, *Animals in Translation* (Nueva York: Harcourt Books, 2005).

6. Kun Guo *et al.*, «Left Gaze Bias in Humans, Rhesus Monkeys and Domestic Dogs», *Animal Cognition* 12, no. 3 (mayo de 2009): 409-418.

7. Victoria Stilwell *et al.*, «Canine Noise Phobia Series 2011». www.positively.com/products/cnp/.

8. C. Linster, «Hebbian Learning and Plasticity» (conferencia 12, Cornell University, Ithaca, NY, consultada el 28 de marzo de 2016). http://www.nbb.cornell.edu/neurobio/linster/BioNB420/hebb.pdf.

CAPÍTULO 3: EL PERRO EMOCIONAL

1. Dr. Attila Andics *et al.*, «Voice Sensitive Regions in the Dog and Human Brain Are Revealed by Comparative fMRI», 24, no. 5 *Current Biology* (marzo de 2014): 574-578.

2. Alexandra Horowitz, *Inside of a Dog* (Nueva York: Simon and Schuster, 2009).

CAPÍTULO 4: EL PERRO SENSORIAL

1. Jay Neitz, Timothy Geist y Gerald H. Jacobs, «Color Vision in the Dog», *Visual Neuroscience* 3 (1989): 119-125.

2. Paul E. Miller y Christopher J. Murphy, «Vision in Dogs», *Leading Edge of* Medicine, JAVMA 207, nº 12 (15 de diciembre de 1995): 1623-1634.

3. *Ibid.*

4. *Ibid.*

5. John W. S. Bradshaw, "The Evolutionary Basis for the Feeding Behavior of Domestic Dogs*(Canis familiaris)* and Domestic Cats*(Felis catus)*", *Journal of* Nutrition 136, nº 7 (julio de 2006): 19275-19315.

6. *Ibid.*

7. Stephen R. Lindsay, *Handbook of Applied Dog Behavior and Training, Adaptation, and Learning* (Nueva York: Wiley, 2013).

8. George M. Strain, *Deafness in Dogs and Cats* (Cambridge, MA: CABI, 2011).

9. Linn Mari Storengen y Frode Lingaas, «Noise Sensitivity in 17 Dog Breeds: Prevalence, Breed Risk and Correlation with Fear in Other Situations», *Applied Animal Behaviour Science* 171 (octubre de 2015): 152-160.

10. *Ibid.*

11. A. S. Ahl, «The Role of Vibrissae in Behavior: A Status Review», *Veterinary Research Communications* 10, nº 1 (diciembre de 1986): 245-268.

CAPÍTULO 5: EL LENGUAJE LATERAL

1. Lara S. Batt *et al.*, «The Relationships Between Motor Lateralization, Salivary Cortisol Concentrations and Behavior in Dogs», *Journal of Veterinary Behavior 4* , no. 6 (noviembre de 2009): 216-222; L. A. Schneider, P. H. Delfabbro y N. R. Burns, «Temperament and Lateralization in the Domestic Dog*(Canis familiaris)*», Journal *of Veterinary Behavior: Clinical Applications and Research* 8, no. 3 (mayo-junio de 2013): 124-134.

2. Batt *et al.*, «The Relationships» (2009).

3. Shirley S. Wang, «The Health Risks of Being Left-Handed», *Wall Street Journal*, 6 de diciembre de 2011, http://www.wsj.com/articles/SB10001424052970204083204577 080562692452538.

4. A. Quaranta, M. Siniscalchi y G. Vallortigara, «Asymmetric Tail-Wagging Responses by Dogs to Different Emotive Stimuli», *Current Biology* 17, nº 6 (marzo de 2007): R199-201.

5. Marcello Siniscalchi, Angelo Quaranta y Lesley J. Rogers, «Hemispheric Specialization in Dogs for Processing Different Acoustic Stimuli», *PLoS ONE* (9 de octubre de 2008): e3349, doi:10.1371/journal.pone.0003349.

6. Batt *et al.*, «The Relationships» (2009).

7. M. Siniscalchi *et al*, «Sniffing with the Right Nostril: Lateralization of Response to Odour Stimuli by Dogs», *Animal Behaviour* 82, no. 2 (agosto de 2011): 399–404, doi: http://dx.doi.org/10.1016/j.anbehav.2011.05.020.

CAPÍTULO 7: EL LENGUAJE DEL MIEDO

1. N. H. Kalin *et al.*, «The Primate Amyygdala Mediates Acute Fear and Not the Behavioral and Physiological Components of Anxious Temperament», *Journal of Neuroscience* 21, no. 6 (15 de marzo de 2001): 2067-2074.

2. Temple Grandin, *Animals in Translation: Using the Mysteries of Autism to Decode Animal Behavior* (Nueva York: Scribner, 2005).

CAPÍTULO 8: EL LENGUAJE DE LA AGRESIÓN

1. James O. Heare, *Aggressive Behavior in Dogs* (Ottawa: DogPsych Publishing, 2007).

CAPÍTULO 9: EL LENGUAJE DE LA VOCALIZACIÓN

1. T. I. Raglus, B. D. Groef y L. C. Marston, «Can Bark Counter Collars and Owner Surveys Help Identify Factors That Relate to Nuisance Barking? A Pilot Study», *Journal of Veterinary Behavior* 10 (mayo de 2015): 204-209.

CAPÍTULO 10: EL LENGUAJE DEL DOLOR

1. J. Reid *et al.*, «Development of the Short-Form Glasgow Composite Measure Pain Scale (CMPS-SF) and Derivation of an Analgesic Intervention Score», *Animal Welfare* 16, no. 1 (mayo de 2007): 97-104(8),https://www.researchgate.net/publication/40704373_Development_of_the_short-form_Glasgow_Composite_Measure_Pain_Scale_CMPS-SF_and_derivation_of_an_analgesic_intervention_score.

2. Louise Swindlehurst, «10 Ways Dogs Show They Have Muscular Pain and Its Relationship with Behaviour» (conferencia, Victoria Stilwell *Dog Bite and Behaviour Conference*, University of Lincoln, UK, June 2015).

3. S. Coren, «Do Dogs Feel Pain the Same Way That Humans Do?» *Psychology Today*, 20 de septiembre de 2011, https://www.psychologytoday.com/blog/canine-corner/201109/do-dogs-feel-pain-the-same-way-humans-do.

4. B. Hothersall y otros, «Development of New Techniques to Assess Pain in Domestic Chickens». Ponencia presentada en la Animal Welfare Conference (UFAW), York, Reino Unido, 30 de junio de 2010.

CAPÍTULO 11: EL LENGUAJE DEL ENVEJECIMIENTO

1. H. E. Salvin et al., «The Canine Cognitive Dysfunction Rating Scale (CCDR)», *Veterinary Journal* 188, no. 3 (2011): 331-336.

2. Melinda Fernyhough Culver, «Medium Chain Triglycerides in Companion Animals», ABITEC, an ABF Ingredients Company, n.d., http://www.ethorn.com/files/MCT/The Future Use of Medium Chain Triglycerides_Superzoo 2013.pdf.

CAPÍTULO 12: EXPLICACIÓN DE COMPORTAMIENTOS EXTRAÑOS

1. K. L. Overall y A. E. Dunham, «Clinical Features and Outcome in Dogs and Cats with Obsessive-Compulsive Disorder: 126 Cases (1989-2000)», *Journal of the American Veterinary Medical Association* 221, no. 10 (15 de noviembre de 2002): 1445–1452, doi:10.2460/javma.2002.221.1445.

2. Katriina Tiira et al., «Environmental Effects on Compulsive Tail Chasing in Dogs», *PLOS ONE* 7.7 (26 de julio de 2012): e41684, doi:10.1371/journal.pone.0041684.

3. J. L. Rapoport, D. H. Ryland y M. Kriete, «Drug Treatment of Canine Acral Lick: An Animal Model of Obsessive-Compulsive Disorder», *Archives of General Psychiatry* 49, no. 7 (1992): 517–521, doi:10.1001/archpsyc.1992.01820070011002.

4. Stanley Coren, «Why Do Dogs Roll in Garbage, Manure, or Other Smelly Stuff?» *Psychology Today*, 29 de julio de 2009, https://www.psychologytoday.com/blog/canine-corner/200907/why-do-dogs-roll-in-garbage-manure-or-other-smelly-stuff.

5. K. Louie y M. A. Wilson, «Temporally Structured Replay of Awake Hippocampal Ensemble Activity During Rapid Eye Movement Sleep», *Neuron* 29, no. 1 (enero de 2001): 145-156.

6. Stanley Coren, «Do Dogs Dream?» *Psychology Today*, 28 de octubre de 2010, https://www.psychologytoday.com/blog/canine-corner/201010/do-dogs-dream.

7. Joseph L. Kirschvink, «Earthquake Prediction by Animals: Evolution and Sensory Perception», *Bulletin of the Seismological Society of* America 90, nº 2 (abril de 2000): 312-323.

8. Donal McKeown, Andrew Luescher y Mary Machum, «Coprophagia: Food for Thought», *Canadian Veterinary Journal* 29, nº 10 (octubre de 1988): 849-850.

CAPÍTULO 13: CÓMO HABLAR PERRO

1. Dr. John W. Pilley Jr., *Chaser: Unlocking the Genius of the Dog Who Knows a Thousand Words* (Nueva York: Houghton Mifflin Harcourt, 2013).

2. Victoria Ratcliffe y David Reby, "Orienting Asymmetries in Dogs' Responses to Different Communicatory Components of Human Speech", *Current Biology* 24, nº 24 (diciembre de 2014): 2908-2912.

3. Nicholas H. Dodman *et. al.*, «Comparison of Personality Inventories of Owners of Dogs with and without Behavior Problems», *International Journal of Applied Research* 2, no. 1 (2004): 55-61.

4. A. L. Podberscek y J. A. Serpell, «Aggressive Behaviour in English Cocker Spaniels and the Personality of Their Owners», *Veterinary Record* 141 (1997): 73-76.

CRÉDITOS FOTOGRÁFICOS

AGRADECIMIENTOS

Aunque no puedo empezar a dar las gracias a toda la gente que me ha inspirado a lo largo de los años, hay muchas personas que han desempeñado un papel fundamental en este libro. Un enorme agradecimiento a todos los que trabajan en Ten Speed Press por su dedicación, incluida mi editora principal, Lisa Westmoreland, la directora de diseño, Chloe Rawlins, y la correctora, Kristi Hein. Gracias a Patrick Danforth, Kevin Lowery y Nichole Smith por capturar la verdadera naturaleza de nuestros compañeros caninos a través de su maravillosa fotografía y a Erin Harvey por compartir sus increíbles ilustraciones con nosotros. No podría haber hecho este libro sin vosotros.

El lenguaje corporal de los perros no habría visto la luz sin la ayuda de mi maravilloso marido, socio y amigo, Van Zeiler, y de mi encantadora asistente y directora de contenidos digitales, Alex Andes. Al margen, para levantarme cuando no puedo escribir más, está mi verdaderamente increíble hija, Alex Zeiler: su belleza y bondad me inspiran cada día.

Gracias a mi encantadora familia y amigos, dentro y fuera del mundo canino; su amor y amistad significan el mundo para mí. Y a todos los que trabajan tan duro para mejorar la vida de los animales en los refugios, en los hogares y en otros países: ¡sabéis quiénes sois! Gracias.

Gracias también a Heather Paul de State Farm: eres una verdadera joya, tu amor por los animales y tu pasión son contagiosos, así como tu maravillosa capacidad para hacernos reír a todos. A Jerry Means y a todos los demás adiestradores e investigadores de perros de incendios que he tenido el privilegio de conocer y trabajar con ellos, así como a Austin Weichsel y Leah Brewer: mi respeto por todos vosotros es inconmensurable. A los veterinarios Dr. Marty Becker, Dr. Kwane Stewart, y Marc Abraham y a todos mis entrenadores de VSPDT-su dedicación a cambiar la vida de los animales para mejor es inspiradora.

Y por último, pero no por ello menos importante, gracias a mis valientes amigos y hermanos del Departamento del Sheriff del Condado de Gwinnett, incluido el Sheriff Butch Conway; a los adiestradores y manipuladores K-9, el Sargento Paul Corso y el Sheriff Adjunto Jason Cotton; y a todos los que trabajan en las operaciones de campo, incluido tú, Mike Baker. Gracias también a los adiestradores K-9 Shawn Humphreys, Heath Zeigler, Marvin Tarver, Neil Butler y Johnathan Thomas, así como a todos los miembros de las fuerzas del orden que he conocido durante el rodaje de mi programa *Guardianes de la noche; gracias*por traerme al redil y por mostrarme un mundo en el que los verdaderos héroes humanos y caninos se juegan la vida cada día para proteger a los demás.

Este libro está dedicado a mi suegro, Van Iden Zeiler Jr. Tu bondad y sabiduría han influido en mí más de lo que podrías saber. Fuiste como un segundo padre para mí. Te echo de menos y te querré siempre.

SOBRE LA AUTORA

Victoria Stilwell es una entrenadora de perros y experta en comportamiento, más conocida por ser la presentadora de la exitosa serie de televisión *It's Me or the Dog* (Soy yo o el perro), a través de la cual promueve el poder, la eficacia y la seguridad del adiestramiento positivo de perros sin miedo. Autora de tres libros de gran éxito de ventas (*Drena a tu perro en positivo, Adelgaza al perro gordo y Soy yo o el perro: cómo tener la mascota perfecta)*, Stilwelles editora jefe de Positively.com, presidenta de la Academia Victoria Stilwell para el adiestramiento de perros y directora general de Victoria Stilwell Positively Dog Training (VSPDT), la principal red de adiestradores caninos de refuerzo positivo de categoría mundial.

Galardonada con múltiples premios y colaboradora habitual de medios de comunicación impresos, radiofónicos, digitales y televisivos como experta en comportamiento canino, Stilwell está comprometida con la causa del rescate y la rehabilitación de animales y colabora intensamente con organizaciones de todo el mundo para concienciar sobre las fábricas de cachorros, las peleas de perros, el maltrato animal, la superpoblación de mascotas, la prevención de mordeduras de perros y otras causas relacionadas con los animales. Stilwell es embajadora nacional de la American Humane Association y forma parte de los consejos asesores de Canine Assistants, RedRover, DogTV, Dognition y The Grey Muzzle Organization. Stilwell vive en Atlanta, Georgia, con su marido, su hija y dos perros de rescate. Más información sobre Victoria y el adiestramiento en positivo: *positively.com* Más información sobre VSPDT: *vspdt*.com Más información sobre la Academia Victoria Stilwell: *vsdogtrainingacademy*.com

ÍNDICE TERMINOLÓGICO

lucha, 38, 83-84
   lenguaje de, 80
   de las personas nuevas, 84-85
   de los ruidos, 30-31, 51, 83
   oxitocina y, 15
   de la separación, 82-83
   susceptibilidad a, 77
Montaje, 71
Morder, 87, 94-95
Motivación, aprendizaje a través de, 28-29
Movimiento de la cola, 60, 61, 65-67, 78, 88
Música, 30-31

O

Olfato, sentido del, 36, 43-46, 63
Orden social, 5-6
Órgano de Jacobson, 44
Órgano vomeronasal, 44, 45
Oxitocina, 14-15

P

«Perro que habla», 125-30
Preferencia por la pata, 59-61
Procesamiento del lenguaje, 125-26
Prueba de "situación extraña", 16

R

Recompensas, 28-29
Resolución de problemas, 19-21, 24-25, 31, 114
Rodar en cosas malolientes, 119
Ruidos, miedo a, 30-31, 51, 83
Rutinas, importancia de, 127

S

Sensibilidad a los pies, 54
Sensibilización, 26-27
Sensibilización, 30-31, 43, 51
Serotonina, 36, 118
Sesgo de la nariz, 63

Sesgo lateral, 59-63
Sistema visual, 46-48
Socialización
Soledad, 99, 100, 102
Soñar, 120-21
Spector, Lisa, 31

T

Tacto
   incomodidad con, 106
   sentido del, 52-55
Tirón, 24
«Tómalo», 25
Tono de voz, 23
Trabajo con olores, 30, 45, 113
Trastornos compulsivos, 117-18

V

Vibrisas, 53
Vigilancia de los recursos, 92-93
Vinculación, 14-15
Vocalización
   ladridos, 98-100
   excesivo, 97, 98, 100
   gruñidos, 88, 89, 97, 101
   aullidos, 102
   dolor y, 105
   propósito de, 97
   gemidos, 101-2

Título original: *The secret Language of Dogs: Unlocking the Canine Mind for a Happier Pet*

© Editorial Pinolia, S. L.
© Victoria Stilwell, Inc. 2016

Traducción del inglés: Equipo Pinolia
Primera edición: marzo de 2023
Colección: Mascotas

www.editorialpinolia.es
info@editorialpinolia.es

Maquetación: Juan Andrés Granadino
Diseño: Chloe Rawlins
Ilustraciones: Erin Harvey
Imagen de sobrecubierta: Nichole Smith
Imagen contracubierta: Kevin Lowery
Diseño de cubierta: Alvaro Fuster-Fabra

Depósito legal: M-30235-2023
ISBN: 978-84-18965-80-7

Impresión y encuadernación: Tallers Gràfics Soler, S.A.

Printed in Spain - Impreso en España